탁월한
사유의
시선

건명원建明苑 강의

탁월한 사유의 시선

우리가
꿈꾸는
시대를 위한
철학의 힘

최진석 지음

21세기북스

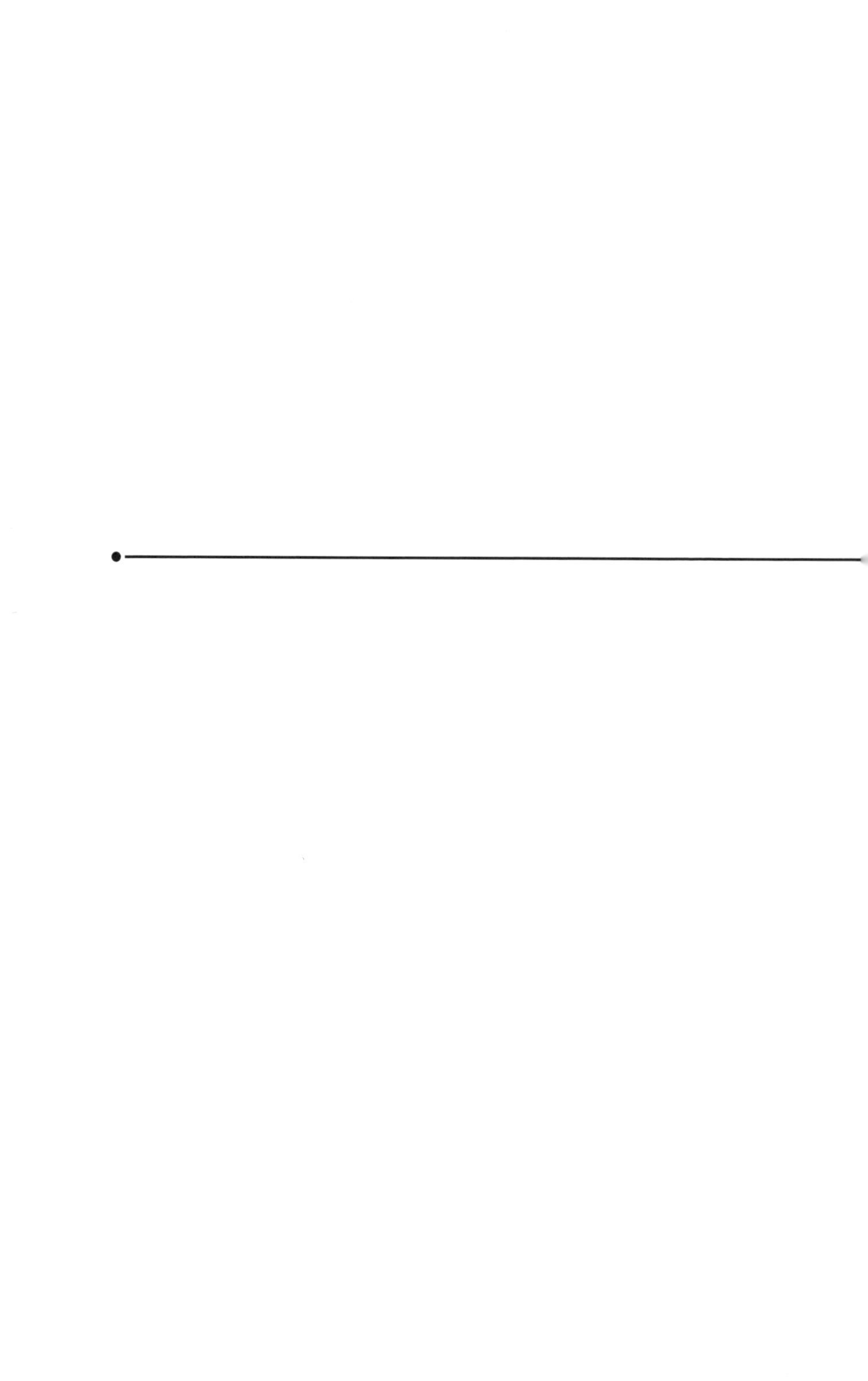

우리의 새 역사를 여는 일에 헌신할
미래형 인재 양성을 목표로 건명원을 세우신
오황택 이사장님께 이 책을 바칩니다.

| 개정판 서문 |

1.

『탁월한 사유의 시선』을 많은 분들이 읽고 공감해줬다. 감사하고 또 힘이 났다. 사실 나는 이 책을 우리나라의 모두가 읽어주면 좋겠다는 바람을 가졌었다. 꿈도 야무졌다. 과했다고 해도 할 말이 없다. 겸손의 미덕과는 좀 거리가 있지만, 나는 그만큼 내가 사는 공동체가 한 단계 상승하여 자주적이고 독립적이며 자유롭기를 간절히 소망한다. 이런 내 소망의 절실함과 조급함은 감당하기 힘들 정도다.

친구가 전화 통화를 하다가 갑자기 물었다. 혼자 조용히 내면을 지키면서 지적인 완성과 인격적 성숙을 도모하는 것이 철학의 주된 모습이 아닌가. 도가道家 철학자이면서 공동체로서의 나라를 걱정하는 이유가 무엇인가? 그래서 나는 이렇게 말했다. 앎이 늘어갈수록 내 자유가 공동체의 자유와 깊게 연결되어 있다는 것을 알게 되었다. 내 개인적인 삶의 의미가 우주의 넓이로 확장되는 것이 바로 완성이라는 것도 알게 되었다. 내 이익과 공동체의 이익도 깊이 연결되어 있음을 알게 되었다. 추상하는 능력으로 힘을 발휘하며 사는 인간으로서는 당연한 일이다. 이런 일을 동양의 선현들은 천인합일天人合一 등의 어법으로 표현했다. 그래서 뜻있는 사람이라면, 자기에게 필요한 것을 찾기보다는 시대의 병을 함께 아파한다.

시대의 병은 뜻있는 개인으로서의 내가 발견하지만, 대부분의 사람들에게도 해당된다는 점에서 공적이다. 게다가 새롭고 위대한 것들은 다 시대의 병을 고치려고 덤빈 사람들의 손에서 나왔다. 이렇게 해서 세상은 진화한다. 이것은 또 나의 진화이기도 하다. 내가 시장 좌판에 진열된 생선이 아니라 요동치는 물길을 헤치는 물고기로 살아 있다는 사실이 이렇게 표현된다. 나는 눈뜨고 이렇게 펄떡거릴 뿐이다. 시대의 병을 함께 아파하며 고치려고 덤빈 사람들이 많은 나라는 강했고, 그렇지 못한 나라는 약했다. 약하면서 강한 척하거나, 약한 부분을 애써 외면하다가는 한번이라도 제대로 살다 가기 힘들다.

2.

현대 중국은 유혈 낭자한 문화혁명을 통과했다. 이 비극적인 사건이 일어난 표면적인 계기는 '해서파관海瑞罷官'이라는 경극에 대한 해석 문제다. 깊고 두텁게 은폐된 정치적 이유가 있겠지만, 그것이 희곡의 해석으로 촉발되었다는 사실은 매우 의미심장하다. 그들의 역사가 단순한 정치적 계기가 아니라 문화적 계기로 진행된다는 점이다. 문화적 계기가 작동되는 것을 보면, 그들은 문화의 높이를 가지고 있음이 분명하다.

중국에서 6년을 살면서 느낀 점이 있다. 중국은 어떤 정책이나 투쟁도 정치 운동으로만 나타나지 않는다. 학술적으로 단련된 정책만 집행된다. 학술의 엄밀한 토론과 지지 속에서 움직인다. 학술적이고 이론적인 토대 없이 움직이는 법이 없다. 우리는 어떤가? 실용주의가 국정 목표이던 시절이 있었다. 나는 그 국정 목표를 위해 학술 토론을 벌였다는 말을 들은 적이 없다. 당시 권력 근처에 있던 사람들 가운데 실용주의에 대해서 철학적으로 혹은 지적으로 이해하고 있던 사람을 본 적이 없다. 그 후에 창조 경제나 문화 융성이라는 국정 목표도 있었지만, 실용주의 때나 거의 같은 수준이었다.

촛불 혁명 이후의 지금도 특별히 다르지 않다. 이론이나 학술보다는 '진영'의 정치 공학이 우선이다. 이렇게 되면 정련된 정책이 집행되지 못할 뿐 아니라 같은 높이에서 진영만 바꾸는 일이 반복되고, 결국 더 높게 오르는 역사의 진보는 더디다. 학술과 문화가 국가 운용과 별 상관없이 존재한다. 삶과 지식이 분리되어 있는 현상도 이와 무관치 않다. 지식을 기능적인 이해의 대상으로만 삼지 내 삶에 충격을 주는 송곳으로 받아들이는 태도가 약하다. 높은 수준의 지식을 송곳으로 삼을 줄 알아야 하겠다.

3.

『탁월한 사유의 시선』에서 말하는 철학이 기존에 습관적으로 알고 있던 것과 다르다고 말한 분들도 계셨다. 철학자가 이제 중진국을 넘어 선진국으로 올라가자고 하는 말을 불편하게 생각하는 것도 그 중 하나다.

철학은 인간이 세계를 이해하고 관리하고 통제하기 위해서 만든 매우 고효율의 장치다. 철학과 비슷한 높이에 수학이 있다. 우리나라에서는 그동안 철학을 추상적인 체계로서의 이론으로만 간주해 왔다. 철학을 생산한 것이 아니라 수입하였기 때문이다.

철학이 생산되는 순간은 육체적이고 역사적이다. 거기에는 피 냄새, 땀 냄새, 아귀다툼의 찢어지는 음성들, 긴박한 포옹들, 망연자실한 눈빛들, 바람 소리, 대포 소리가 다 들어 있다. 망연자실한 눈빛들 속에서, 쓸쓸하지만 강인한 눈빛을 운명처럼 타고난 사람이 역사를 책임지려 앞으로 튀어나가며 인간으로서 발휘할 수 있는 가장 높은 단계의 시선을 화살처럼 쏠 때 철학 이론이 태어난다. 이처럼 철학 생산 과정에는 역사에 대한 치열한 책임성과 헌신이 들어 있다. 우리가 배우는 플라톤, 데카르트, 칼 마르크스, 니체, 공자, 노자, 고봉高捧 기대승奇大升, 다산茶山 정약용丁若鏞이 다 이러했다.

철학 수입자들에게는 애초부터 육체적이고 역사적인 울퉁불퉁함이 지적 사유 대상이 되기 어렵다. 그런 울퉁불퉁함은 특수하다. 공간과 시간에 갇혀 개별적 구체성으로만 있다. 이런 개별적 구체성에서 잡다하고 번잡한 것들이 모두 제거되고 나서 보편 승화의 절차를 거친 다음에 창백하고 추상적인 이론으로 겨우 남는 것이다. 당연히 철학 수입자들은 창백한 이론을 진실이라고 하지, 울퉁불퉁한 역사와 육체를 진실이라고 하기 어렵다. 그들은 사유를 사유하려 들지 세계를 사유하려 들지 않는다. 이와 달리 철학 생산자들은 직접 세계를 사유한다. 사유를 사유하지 않는다. 철학을 한다는 것은 자신이 서 있는 곳에서 구체적으로 울퉁불퉁한 것을 보편으로 승화하는 일이지, 다른 데서 생산된 창백한 보편을 가져와 그것으로 자신의 울퉁불퉁함을 재단하는 일이 아니다.

울퉁불퉁함이란 선진국 시민으로 사느냐 후진국 국민으로 사느냐, 독립적으로 사느냐 종속적으로 사느냐, 전략적으로 사느냐 전술적으로 사느냐, 주인으로 사느냐 노예로 사느냐, 영혼의 높이에서 사느냐 그 아래서 사느냐 하는 문제들이 다양한 굴곡을 그린 것이다. 수입된 창백한 이론을 내면화하거나 자세히 따지는 것을 철학 활동으로 알고 있는 사람에게는 선진국이니 독립이니, 주인이니 종이니 하는 것은 철학이기 어렵다. 그들에게는 이데아니, 정신이니, 물질이니, 초인이니, 도道니, 기氣니, 인仁이니 하는 것들만 철학이다. 그러다 보니 이 땅에서도 주자학을 닮은 것만 철학이라 하고, 동학 같은 자생적 고뇌는 철학으로 치지도 않는 자기비하가 오히려 당당해지는 지경이다.

자신의 삶을 철학적으로 다루지 않고, 기성의 철학 이론으로만 삶을 채우려고 한다. 그래서 자기 삶을 철학적으로 살려는 도전보다는 천 년이 두 번 이상이나 지난 지금도 공자나 노자처럼 살려 하고, 플라톤이나 니체를 살려내려 한다. 자기 자신도 버리고, 자신의 역사도 버린다. 자기를 플라톤화, 마르크스화, 공자화, 노자화하려 하지, 플라톤 등을 자기화하지 못한다.

이런 사람들은 자신의 구체적인 삶의 현장을 철학화하지 못하고, 정해진 철학을 이념화해서 그것으로 자신의 삶을 지배하고 평가한다. 쉽게 이념이나 신념에 빠진다. 스스로 문제를 발견해서 해결하려는 야성을 잃고, 남이 정해준 정답을 찾아 얌전히 실현하려고만 한다. 결국 세련되고 정밀한 이론이 그들의 구세주다. 아직 거칠고 정리 안 된 자신의 현실은 깎여야 할 미숙한 어떤 것일 뿐이다. 세련되고 정밀한 이론은 그들을 매혹시킨다. 그래서 절절한 마음으로 기꺼이 그것의 충실한 종이 된다.

종은 지켜야 할 것이 많다. 지켜야 할 그것은 자신이 만들지도 않았다. 자신이 만들지 않은 기준으로 자신의 삶을 인도하는 모순적 상황은 내면의 불균형을 가져온다. 그 분열적 상황을 이겨내는 방법이 있다. 선명성과 불타협의 철저함을 발휘하여 마치 주인인 것처럼 자기기만을 해낸다. 목에 힘줄을 세우고, 눈에 핏발을 감추지 않으며, 팔뚝을 휘젓고 목소리를 높인다. 타협이 없는 선명성을 내세워 진실한 주체로 드러나려 하지만, 아무리 해도 자신이 얼마나 충성스런 종인가만을 드러낼 뿐이다. 이는 눈 어두운 사람들끼리는 알 수 없다. 눈 밝은 사람만 안다.

기준을 신념처럼 가진 사람은 이 세상을 모두 참과 거짓이나 선과 악으로 따지기 좋아한다. 그런 사람에게는 세상이 기준에 맞느냐 맞지 않느냐가 중요하다. 기준에 맞으면 선이고 맞지 않으면 악이다. 기준에 맞으면 참이고, 맞지 않으면 거짓이다. 기준을 만들거나 기준을 지키는 일을 당연시하고 중요하게 다룬다. 무엇이나 기준을 만들어 윤리적 접근을 하려 한다. 윤리적 행위에 익숙해지면, 열심히 규제를 만든다. 세계가 새로운 유형의 산업으로 재편되는 데에도 온 나라가 규제로 가득 차서 움직이질 못한다. 새로운 세계를 구시대의 규제로 다루고 있다. 바보짓을 하면서도 워낙 확신에 차 있기 때문에 윤리적 부담은 전혀 없다.

4차 산업혁명을 다루는 일에서도 비중 있게 다뤄지는 것 가운데 하나가 윤리 문제다. 인공지능 때문에 야기되는 직업의 상실 문제도 윤리 문제 가운데 하나다. 인공지능을 윤리적으로 어떻게 대할 것인가, 인공지능을 가진 로봇에 대해서 인간은 어떤 윤리적 태도를 가져야 하는가 하는 점들이다. 선악의 문제를 다뤄야 진실하게 사는 느낌을 갖도록 훈련받았기 때문에, 당장은 해당 사건의 주도권도 갖고 있지 못하면서 윤리 문제에 초점을 맞춘다. 자기 착각이거나 자기 착시다. 우리는 아직 인공지능의 주도권을 갖지 못했다. 로봇도 그렇다. 그것들을 윤리적으로 다룰 수준에 아직 도달해 있지 않다.

구체적인 현장이 펼쳐지고 나서 윤리가 있다. 주도권을 가진 선진국에서는 다 그렇다. 거친 야성이 먼저 있고 나서야 순하고 질서 잡힌 행위가 요청된다. 드론 시장을 윤리(규제)가 필요할 정도로 키워놓지도 못한 상황에서 그것을 윤리적(규제적)으로 다루다가 드론 시장에서 주도권을 상실했다. 윤리적 주도권보다 시장의 주도권이 더 세고 중요하다. 윤리는 시장 성숙 다음의 일이다. 이 말이 나쁜 말로 들리면, 전략적이거나 선도적인 높이를 아직 모르거나 거기에 서본 경험이 없어서다. 선한 규제가 악을 생산한다. 이런 맥락에서 노자도 지켜야 할 것이 적어야 한다고 말했다.

> 하늘의 그물은 구멍이 촘촘하지 못해 엉성하지만 오히려 빠져나가지 못한다.
> (천망회회天網恢恢 소이불루疏而不漏)

적은 규제가 제대로 된 효과를 낸다는 말이다. 『장자』「변무」 편에 나오는 대목 하나.

> 곡선이나 동그라미를 그리는 그림쇠, 직선을 긋는 먹줄, 네모꼴을 만드는 곱자를 들이대면 본래의 활동성이 손상된다. 밧줄이나 갖풀이나 옻칠로 세상을 꼭 묶거나 고정시키면 세상이 제대로 전개되지 못한다.

여기서 그림쇠, 먹줄, 곱자, 밧줄, 갖풀, 옻칠은 모두 윤리적 신념이나 규제들이다. 윤리적이고 도덕적인 신념을 세상에 선제적으로 부가하는 한, 세상의 효율성은 극도로 약화된다는 뜻이다. 윤리적이고 도덕적인 잣대를 먼저 가져다 대면 세상 전개가 위축된다. 게다가 윤리 관념이라는 것이 상대에 따라 유동적으로 쓰인다. 칼을 의사가 잡으면 생명을 살리고 폭력배가 잡으면 생명을 상하게 하는 예는 너무 단순하다. 윤리 도덕은 선과 악을 임시적으로 나눌 뿐이다. 여기서의 정의가 저기서는 불의다. 국민을 위한다는 명분으로 행하는 선이 결국은 해가 되기도 한다.

어디선가 강의를 하고 나니 주최자가 청중들에게 내 강의 내용을 정리하기 시작했다. 나는 선진과 창의와 독립과 모험심 등등을 연결하는 강의를 했다. 주최자는 선진이라는 말이 거슬린 듯했다.

"교수님께서 말씀하신 선진은 경제적이고 군사적인 의미에서가 아니라 도덕적이고 윤리적인 의미에서의 선진일 것입니다. 그리고 우리는 꼭 선진국이 될 필요가 있는지 생각해봐야 합니다. 후진국이 차라리 더 가치 있고 행복할 수 있습니다."

경제와 군사와 윤리와 도덕은 한 몸이다. 윤리적 기준이나 이념을 가지고 윤리 이외의 것들을 적대적으로 대하는 한, 스스로 세상을 좁히는 결과를 가져온다. 『장자』 「거협」 편에는 이런 얘기도 나온다.

도둑질에도 윤리가 있다. 방 안에 무엇이 있는지 잘 알아맞히면 성스럽고, 앞서 선두에 서서 침입하면 용기가 있다 하고, 나올 때 맨 나중에 나오면 정의롭다 하고, 도둑질에 성공할지 못 할지를 아는 것을 지혜롭다 하며, 분배를 공평하게 하면 인간답다고 한다.

윤리 도덕을 매개로 해서 성인과 도둑은 분리되는 것이 아니라 교차될 뿐이다. 선과 악도 분리되지 않고 교차된다. 장자의 얘기는 다음처럼 이어진다.

성인이 생기면 큰 도둑도 따라 생긴다. (…) 성인이 죽으면 큰 도둑이 일어나지 못하게 되고, 천하가 평화롭고 무사하다. 성인이 죽지 않으면 큰 도둑이 없어지지 않는다. 비록 성인을 존중하고 천하를 다스린다 해도 결국 그것은 도둑의 우두머리인 도척 같은 인간을 존중하고 이롭게 하는 꼴이다.

성인은 윤리 도덕의 집행자고 사회를 효율적으로 만드는 주인공이다. 도척은 윤리 도덕의 파괴자로서 사회를 비효율로 몰고 가는 주범이다. 이것이 일반적인 인식이다. 장자는 좀 달리 말한다. 윤리 도덕의 내용을 담고 있는 규제가 많고 조밀할수록 선한 기풍과 효율이 커질 것 같지만 사실은 그렇지 않다는 것이다. 오히려 정반대다.

세상에 대하여 윤리적으로 접근하는 것이 습관이 되면 넓디넓은 이 세상에서 얼마나 좁고 비효율적으로 헤매게 되는지를 알아야 한다. 윤리 강령이나 윤리적 접근 습관에 깊이 빠질 일이 아니다. 윤리도 스스로의 힘으로 지배해야 한다. 윤리를 지배할 정도로 함량을 키우는 일이 시급하다.

당연히 짐승처럼 과감하게 덤비는 것이 윤리적 인간이 되는 것보다 훨씬 실속 있다. 짐승처럼 덤비면 짐승이 되는 것이 아니라 오히려 큰 인간이 된다. 너무 인간적이면 자잘한 인간으로 남는다. 과거에 얽매이지 않고 미래를 활짝 열기 위해 마음속에 야수를 한 마리 키우자.

4.

『탁월한 사유의 시선』이 더 많이 읽혔으면 하는 바람을 담아 개정판을 낸다. 객관적이고 과학적인 느낌으로 읽힐 수 있게 문투를 바꿨다. 꼭 필요하지 않은 연결사나 부사어들은 과감히 빼서 더 간결하게 읽힐 수 있게 했다. 허술했던 곳은 내용을 채워 넣어 좀 더 튼튼하게 보강했다.

개정판을 내자고 먼저 말씀해주셨고, 같은 곳을 바라보는 기분이 들게 해주시는 21세기북스의 김영곤 대표님께 감사드린다. 건강상 퇴사를 해야 하는 입장이면서도 끝까지 함께 마무리하자는 부탁을 흔쾌히 들어준 김찬성 대리님께도 감사드린다. 옆에서 경쾌하게 압력을 행사해준 장보라 팀장님께도 감사드린다.

이 책은 건명원建明苑에서 태어났다. 수정 작업을 하는 내내 건명원의 정신과 도전 의지가 배경이 되어주었다. 건명원을 세우신 오황택 이사장님과 여러 교수님들은 내게 건투를 빌어주고 있다. 나와 동지애로 똘똘 뭉쳐 이 시대를 함께 건너가려는 건명원의 젊은 청년들은 내 척추를 바로 세운다. 감사의 마음 한량없다.

무엇보다도 정성껏 읽어준 독자들로부터 큰 힘을 받았다. 모든 독자들을 향해 깊이 허리 숙인다. 그리고 한마디 덧붙인다.

"우리가 어떻게 생존해온 민족인데, 우리가 어떻게 발전시킨 나라인데, 여기까지만 살다 갈 수는 없지 않은가."

2018년 6월 2일 청계산 옛골에서 최진석

| 초판 서문 |

이 책은 2015년 건명원에서 한 5회의 철학 강의를 묶은 것이다. 우리는 지금까지 철학 수입국으로 살았다. '보통 수준의 생각'은 우리끼리 잘하며 살았지만, '높은 수준의 생각'은 수입해서 산 것이다. 다른 사람이 한 사유의 결과를 숙지하고 내면화하면서도 스스로 '생각한다'고 착각해왔다. 수입된 생각으로 사는 한, 독립적일 수 없다. 당연히 산업이든 정치든 문화든 종속적이다. 이런 삶을 벗어나고 싶다. 훈고訓詁에 갇힌 삶을 창의創意의 삶으로 비약시키고 싶다. 종속성을 벗어나서 독립적인 삶을 함께 누리다 가고 싶다. 남들이 벌여놓은 판 안에서 어떻게든 살아보려고 그물 틈 사이를 비집고 다니는 일은 이제 지겹다. 우리는 정말 우리 나름대로의 판을 벌여보는 전략적인 시도를 할 수 없을까? 선도력을 가져볼 수 없을까? 그 질문에 철학적인 높이에서 답해보려는 시도가 바로 이 책이다.

남이 해놓은 생각의 결과들을 내면화하는 일에 익숙한 사람에게는 이 책의 내용이 철학적인 논의가 아닌 것으로 보일 수도 있다. 이 책은 철학에 관한 책이지, 철학 자체가 아닐 수도 있다. 철학이 아니어도 된다. 중요한 것은 우리 삶의 독립성을 확보하느냐 확보하지 못하느냐다. 무엇으로 불려도 좋으나, 우리의 삶을 각성하고 새로운 길을 찾아보려고 덤빌 수만 있다면 그걸로 족하다. 최소한 자기가 자기의 주인이 아니었다는 감춰진 사실만이라도 각자에게 노출되면 좋겠다.

나는 출판사에서 먼저 정리해준 원고를 한참이나 붙잡고만 있었다. 그러다가 강의가 끝난 후, 일 년 반이 지난 어느 날 이역만리 스웨덴에서 일차적인 마무리를 했다. 이번 8월 초의 스웨덴행은 유난했던 더위를 피한 격이었지만, 사실은 KBS 구수환 피디와 함께 스칸디나비아 정책연구소SCIPS 소장인 최연혁 교수를 만나러 가는 길이었다. 까닭은 이렇다. 〈울지마 톤즈〉 연출자로 유명한 구수환 피디가 만든 〈스웨덴 정치를 말하다〉라는 작품이 KBS1에서 방영되었다. 거기서 그는 가난과 노사분규로 몸살을 앓던 스웨덴이 행복한 국가로 변모한 과정을 정갈하게 소개하였는데, 최연혁 교수는 그 안에서 의미 있는 견해들을 들려주었다. 그 작품을 본 다음에 나는 바로 최연혁 교수를 건명원으로 초청해 정치 특강을 부탁했고, 특강 후에는 따로 저녁 시간을 내 많은 얘기를 나눴다. 시간은 짧고 이야기는 길었다. 이야기의 긴 꼬리는 밤이 지나도 잘리지 않았다. 결국 우리 셋은 스웨덴이라는 현장에서 다시 만나 이야기를 대충이나마 마무리하기로 하고 밤늦게 파했다.

최연혁 교수의 책 『좋은 국가는 어떻게 만들어지는가』를 다 읽고 나니 비행기는 스톡홀름 알란다 공항에 도착했다. 스칸디나비아 정책연구소는 원래 스웨덴 중앙은행과 조폐제조창이 있던 곳에 터를 잡았는데, 스웨덴은 중앙은행 시스템을 최초로 시작한 나라다. 우선 제도적인 면에서 선도력을 가져본 적이 있다는 뜻이다. 제품이나 제도면에서 선도력을 갖는다는 것은 의미가 크다. 단순화하면, 선도력을 가져본 적이 있는 나라는 선도력을 가져본 적이 없는 나라보다 매사에 '수준'이 높다. 가난과 노사분규로 몸살을 앓던 스웨덴을 행복한 국가로 만든 저력은 이 선도력을 행사해본 역사적 경험에 있다. 우리에게는 아직 없는 것이다. 우리는 이것을 우리 힘으로 구축해야 한다. 이것이야말로 지금 우리가 감당해야 할 사명이다.

선도력은 팔뚝이나 허벅지의 근육에서 나오는 힘과 다르다. 그것은 지성적이고 문화적이며 인문적이며 철학적이고도 예술적인 높이의 시선에서 형성된다. 인격적인 토양에서 터져 나오는 창의력이나 상상력을 발휘하여 용기 있게 도전한 결과다. 우리가 반드시 가져야 할 높이다. 나는 이 책을 읽는 독자들이 이런 시대의식을 각성하고, 나와 함께 이 사명을 감당해주기를 간절히 바란다. 이 정도로만 살다 갈 수는 없지 않은가.

밝혔듯이 이 책은 강의를 정리해 묶은 것이어서 이미 칼럼이나 책에서 썼던 내용들이 나오기도 한다. 독자들의 이해를 바란다.

건명원은 이런 시대의식에 매진할 인재들을 각성시킬 목적으로 오황택 이사장님에 의해 세워졌다. 우리 사회의 체제는 경제적으로는 자본주의고, 정치적으로는 민주주의다. 자본주의의 주도권은 자본가에게 있고, 민주주의의 그것은 시민에게 있다. 우리 사회가 아직 미숙하다면, 자본가와 시민이 제대로 형성되지 않았다는 뜻이다. 맞다. 우리는 지금 돈은 많아도 그것이 자본으로 성숙되지는 않았다. 부자는 있지만, 자본가는 희귀하다. 국민이나 백성은 있어도, 시민은 아직 제대로 자라나지 못했다. 자본주의와 민주주의를 채택하고 있는 우리나라가 제대로 작동하려면 돈이 자본으로 바뀌고, 부자가 자본가로 바뀌어야 한다. 백성이 시민으로 바뀌어야 한다.

돈, 부자, 백성이 자본, 자본가, 시민으로 바뀐다는 것은 사적인 범위 안에 갇혀 있는 시선을 깨고 나와 역사적으로나 공적으로 책임성을 발휘한다는 뜻이다. 오황택 이사장님은 바로 이런 점에서 성숙한 자본가로서의 모범을 보여주셨다. 깊은 감사와 존경을 표하지 않을 수 없다.

건명원 출범 때부터 우리 뜻을 의미 있게 받아들여주시고, 강의를 〈생각의 집〉 프로그램으로 제작하여 40주나 방송되게 해주신 KBS1의 박정용 피디님과 오진산 센터장님께도 감사드린다.

출판사 북이십일의 김영곤 대표님도 건명원의 꿈에 동참해주셨다. 원생 선발 과정의 잡다한 일들을 도와주시고, 건명원 강의들이 책으로 묶일 수 있도록 해주신 정지은 팀장님과 양으녕 대리님, 원고 수정과 편집을 맡아주신 김찬성 대리님을 포함하여 북이십일의 모든 분들께 깊은 감사를 드린다. 지금까지 모든 강의를 녹화해주신 박병로 감독님께도 감사드린다.

일과 학업을 겸하느라 시간이 많이 부족한 와중에도 정성껏 읽고 교정을 봐준 김경아 원장님께도 깊은 감사를 드린다.

건명원이 행정적인 면에서 원활하게 작동되도록 뒤에서 묵묵히 도움을 주신 홍동영 실장님과 하연지 간사님께도 감사드린다.

늦은 학업과 과중한 가사 부담에도 불구하고 세세하게 교정해 주고 좋은 의견을 주었을 뿐 아니라 항상 지지해준 아내 임은경과 희망을 놓지 않을 힘을 주는 '자유로운 영혼들' 최도남, 최도항에게도 특별한 색깔로 감사한다.

이 책에 담긴 나의 생각은 건명원 교수님들의 지성과 원생들의 눈빛에 찔리면서 싹을 틔운 것이다. 같은 길을 가자고 모인 모든 원생들과 김개천, 김대식, 김성도, 배철현, 서동욱, 정하웅, 주경철 교수님께 동지애를 느끼며 깊은 감사를 드린다.

최진석

| 차례 |

개정판 서문 ··· 6

초판 서문 ··· 17

1강—부정否定 : 버리다

01 명明—대립의 공존을 통한 철학적 차원의 사유 ··· 27

02 패敗—서양에 의한 동양의 완전 패배 ··· 45

03 복復—서양을 배우다 ··· 63

04 력力—문화, 사상, 철학의 힘 ··· 86

2강—선도先導 : 이끌다

01 태胎—새로 만들다 ··· 107

02 지知—창의와 상상이 작동되는 지성적 차원 ··· 121

03 상峠—국가 발전의 단계 ··· 132

04 사思—철학을 한다는 의미 ··· 149

3강—독립獨立 **: 홀로 서다**

01 이理 — 최초의 철학적 사유와 발휘 ····· 161
02 고孤 — 고독을 기반으로 홀로 선 자 ····· 169
03 시視 — 관찰과 몰입 ····· 185
04 용勇 — 기존의 것과 불화를 자초할 수 있는 용기 ····· 192

4강—진인眞人 **: 참된 나를 찾다**

01 창創 — 훈고의 기풍에서 창의의 기풍으로 이동 ····· 207
02 살殺 — 기존의 가치관을 모두 벗어던지다 ····· 218
03 덕德 — 나를 나로 만드는 힘 ····· 226
04 인人 — 참된 사람이 있고서야 참된 지식이 있다 ····· 234

5강—문답問答 **: 공유하다**

01 논論 — 사유의 높이를 나누다 ····· 255
02 공共 — 철학적 삶을 공유하다 ····· 270

참고문헌 ····· 282

否定

1강

부정否定 : 버리다

철학의 시작은 곧 전면적인 부정이고,

이것은 새로운 세계의 생성을 기약하는 일이다.

새로운 생성이란 전략적인 높이에서 자기 주도적 시선으로 세계를 보고

스스로 자신의 나아갈 길을 결정한다는 뜻이다.

스스로 그 길을 결정하지 못하는 한, 항상 종속적인 삶을 살 수밖에 없다.

그리고 종속적인 한, 우리는 주도권을 잡고 자신의 삶을 꾸리거나

자신이 속한 사회의 새 방향을 이끌어내기 어렵다.

그러니 우리에게는 우선 '부정', 버리는 일이 필요하다.

명 — 대립의 공존을 통한 철학적 차원의 사유

明

우리가 처한 한계를 뛰어넘게 해주는 것이 인문적 시선이고
철학적 시선이며 문화적 시선, 예술적 시선이다.
이 높이에서만 창의적이고 주도적인 활동성이 나오기에
우리는 이 높이의 사유를 획득해야만 한다.

'대립의 공존'이 대립을 돌파한다

지금 우리에게 철학이란 무엇이고 철학은 무엇이어야 하는가? 여기에서 우리 나름대로 철학을 어떻게 마주해야 하는지 함께 얘기해보고자 한다.

우선 철학을 한다는 것이 무엇을 의미하는지, '건명원建明苑'의 뜻을 살펴보는 것으로부터 시작하겠다. 건명원의 '명明'자에는 해[日]와 달[月]이 공존하고 있다. 대립된 두 존재가 개념적으로 하나가 된 것이다. 해를 해로만 보거나 달을 달로만 보는 것을 '지知'라고 하는데, 건명원의 '명'자는 그런 구획되고 구분된 '지'를 뛰어넘어 두 개의 대립면을 하나로 장악할 수 있는 능력을 말한다.

사실상 우리들 대부분은 자신이 붙들고 있거나 몸담고 있는 한쪽 세계를 온전한 전체로 쉽게 착각한다. 특정한 한쪽 세상을 빛나게 해주는 해나 또는 다른 한쪽만을 비추는 달을 유일한 빛으로 착각하는 것이다.

우리나라는 너무도 오랜 시간 이념 대립으로 몸살을 앓고 있다.

모두 각자 자기 입장에서 자신만의 해나 자신만의 달을 붙잡고 그것을 이념화하여 진실이라 강변하며 상대방을 비난하고 탓하기만 한다. 우리나라가 한 단계 더 진보하기 위해서 해야 하는 가장 시급한 일은 이러한 극단적인 이념 대립에 빠지는 지적 단순함에서 빠져나와 각자 자신의 벽을 넘어서는 노력을 하는 것이다. 극단적인 이념 대립에 갇히지 않고, 오히려 그러한 대립을 품어 안는 내적 공력을 키워 지속적으로 변증법적 상승을 해야 한다.

여기서 내적 공력이란 '명'자처럼 대립된 해와 달을 동시에 품는 공력, 다시 말해 '대립의 공존'을 장악하는 힘이다. 우리가 이 대립의 공존을 장악해야 하는 이유는 그것이 아름답고 좋기 때문이 아니라 우선 그것이 실용적이고 미래적이기 때문이다. 그것이야말로 대립을 돌파할 수 있는 힘을 주기 때문이다. 그것만이 비로소 우리의 수준을 한 단계 상승시키기 때문이다. 그래야만 꿈쩍않고 정체되어 있는 우리 사회가 한 걸음 앞으로 나아갈 수 있는 동력을 갖게 된다.

건명원의 '원苑'자도 흔히 쓰는 큰 입구 변의 '원園'자나 기관을 나타내는 '원院'자를 지양하고 확 뚫린 '들판 원'자를 썼는데, 이것도 의도적이다. '원園'자나 '원院'자에는 '담장을 두르고 있다'는 의미가 있어서, 어딘가 테두리 안에 한정되어 보이는 반면에 이 '원苑'자는 테두리가 없이 확 펼쳐져 있는 야성적 들판, 아직 무엇으로도 정해져 있지 않아 우리의 가슴을 뛰게 하는 열린 공간을 나타낸다.

이런 함의를 갖는 건명원이 탄생한 이유는 과거나 외부의 것을 답습하기만 하는 훈고적 사고, 우리 사회의 오래된 정체, 기존의 틀 안에 갇혀 옴짝달싹 못하고 있는 작금의 상황에 대한 답답함, 그로 인해 발생하는 사회적 손실이 너무나 걱정되었기 때문이다. 지금 직면하고 있는 이와 같은 문제점들을 극복하고 우리 사회가 한 단계 더 상승하지 않으면 우리 생존에 상당히 심각한 문제가 생길 것이라는 위기의식이 바로 건명원이 탄생한 계기다.

그렇다면 여기서 한 단계 상승한다는 것은 무엇을 의미하는가? 그것은 사실상 선진국 차원으로 상승하는 일이다. 이제부터 계속 이야기하겠지만 선진국 차원으로 한 단계 상승한다는 것을 거칠게 이야기하면 철학적, 지성적, 문화적, 예술적 차원으로 상승한다는 것이다. 그런데 그 한 단계 위로의 상승, 그 힘찬 도약을 도모하기 위해서는 반드시 그런 차원들이 어떤 상태를 말하는 것인지를 먼저 알아야 한다. 목표를 알아야 분명한 전진이 가능할 테고 그 분명한 전진을 위한 확실한 동력이 생기기 때문이다.

철학은 살아 있는 '활동'이고 '사유'다

그에 앞서 '철학적 시선을 갖는다'는 의미를 잠시 생각해보자. 이 강의의 주제이자 핵심이 나와 세상을 더 높은 곳으로 인도할 수 있는 '철학'이다. 철학적인 높이의 시선이야말로 나와 사회를 한 단계 더 상승시킬 수 있다. 무엇이든지 자신이 가지고 있는 안목의 높이만큼만 구체적으로 실현할 수 있는 법이다.

예컨대 우리나라 철학도들이 철학을 더 심층적으로 공부하기 위해서 유학을 떠날 때, 그들이 향하는 나라들이 어딘가? 대부분 영국, 프랑스, 독일, 미국, 중국 등이다. 이런 나라들의 공통점이 무엇인가? 지금 세계를 움직이고 있는 강한 국가들이다. 이렇게 말하면 독일 철학, 영국 철학, 프랑스 철학, 미국 철학, 중국 철학의 내용이 각각 다른데 어떻게 이런 나라들이 모두 똑같이 높은 지위를 유지할 수 있는가라고 따지듯이 묻는 분들도 있다. 이에 대한 나의 대답은 이렇다. 철학은 그 '내용' 자체로 규정된다기보다는, '사유' 즉 살아 있는 '활동'이기 때문이다.

각각 다른 내용의 철학을 가지고 있지만, 그런 나라들은 공통적으로 '철학적인 높이의 사유 능력'을 가지고 있다. 통상 우리는 어떤 하나의 철학이 가지고 있는 이론 체계나 내용이 어떻게 되어 있는지만 묻고 따지는데, 더 중요한 것은 내용이야 각기 다르더라도 그런 내용을 산출하는 철학적인 높이의 시선을 가지고 있느냐 가지고 있지 않느냐 하는 것이다.

예를 들어 전쟁에서 나라마다 각기 다른 내용의 전략을 사용하더라도 전략을 행사할 수 있는 동일한 높이의 시선을 가지고 있다는 사실이 중요하다. 전략적 높이를 행사해본 적 없이 그저 전술적 차원에서만 살아본 사람들은 이를 이해하기가 쉽지 않다. 여기서 '내용'이 전술이라면, '시선'은 전략이다.

프랑스 철학과 영국 철학의 내용적인 특징은 다르다. 이론 체계가 다르다는 것이다. 하지만 영국이나 프랑스 철학이 모두 각기 다른 이론 틀로 되어 있다 하더라도 중요한 것은 그런 철학 이론을 산출할 수 있는 철학적인 높이의 시선을 프랑스나 영국 사람들이 동등하게 가지고 있다는 사실이다. 근본적으로 그들 모두 철학적인 수준에서 사유할 수 있는 능력을 가지고 있다는 것이다.

철학적 차원에서 사유한다는 말을 다른 방식으로 비유하면, 전략적 차원에서 움직인다고 할 수 있다. 한층 더 높은 곳에서 내려다본다는 뜻이다. 그렇지 못하면 그들의 움직임에 종속적으로 반응하는 삶을 살 수밖에 없다.

철학을 수입한다는 말은 곧 생각을 수입한다는 말과 같다. 그리고 생각을 수입한다는 말은 수입한 그 생각의 노선을 따라서 사는 것을 의미한다. 생각의 종속은 가치관뿐 아니라 산업까지도 포함해 삶 전체의 종속을 야기한다. 생각을 수입하는 사람들은 생각을 수출하는 사람들이 생각한 결과들을 수용한다. 그러다가 어느 순간 스스로 생각하는 일이 어려워져버린다. 그래서 다른 사람들이 생각한 결과들은 잘 숙지하면서, 스스로는 생각을 하지 못하게 되기도 한다.

철학을 한다는 것은 결국 가장 높은 차원의 생각 혹은 사유 능력을 발휘하는 것이다. 이런 능력을 배우기 위해 제도권 교육 체계 속에서는 대학의 철학과에 간다. 철학과에서는 가장 높은 수준에서 생각하는 능력을 갖게 하는 것이 목적인데, 이를 바로 가르치기란 여간 어려운 일이 아니라서 우선 생각하는 능력을 훌륭하게 잘 발휘한 앞사람들의 성취를 4년 정도 배우게 한다. 그런 앞사람들이 바로 철학사에 등장하는 철학자들이다.

간단히 정리하자면, 내가 스스로 생각할 수 있기 위해서 먼저 특출하게 생각을 잘한 사람들이 남긴 생각의 결과들을 배우는 길에 나선다. 그래서 플라톤도 배우고, 아리스토텔레스도 배우고, 칸트도 배우고, 공자도 배우고, 노자도 배우고, 퇴계도 배우고, 다산도 배운다.

그런데 이렇게 생각의 결과들을 배우는 데에만 집중하다가 졸업할 때가 되면, 정작 자기 스스로는 생각할 수 없게 퇴화되어버리곤 한다. 나 또한 그랬다. 높은 수준에서 생각을 했던 사람들이 남긴 사유의 결과들은 아주 잘 알면서, 정작 스스로 사유하는 길은 잃어버린다. 칸트가 무슨 말을 했고 노자가 무슨 말을 했는지는 아는데, 정작 나 스스로 생각하는 능력은 퇴화해버린 기묘한 상황 앞에서 당황할 수밖에 없다.

철학과 학생들끼리 대화하는 모습을 보더라도 대부분 철학자들이 남긴 생각의 결과들, 즉 그들의 이론을 가지고 갑론을박하지, 자신들만의 고유한 생각을 나누는 것을 보기는 쉽지 않다. 철학을 수입한 문화 속에서는 대부분이 이런 모습일 수밖에 없다. 철학을 수입하는 일은 어쨌든 생각의 결과를 수용하는 일로 귀결되기 때문이다. 그래서 항상 철학적인 내용, 지식, 더 나아가 기성의 이론에만 집중하다가 정작 생각하는 활동 그 자체를 발휘하는 데에는 어려움을 겪는다.

그래서 지금부터라도 이론적인 내용의 습득보다는 사유의 활동 혹은 사유의 높이라는 차원에서 접근하는 것을 강조해야 한다. 철학을 하는 목적은 철학적인 지식을 축적하는 일이 아니라, 직접 철학하는 것이기 때문이다.

우리는 지금까지 철학을 수입하며 살았다. 능동적이거나 주체적이라기보다 종속적인 삶을 살아온 것이다. 우리가 쌓은 경제적인 부도 결국은 큰 틀에서 보면 종속적인 구조 속에서 형성된 것이라고 말할 수밖에 없다. 이렇게 말한다면, 지나친 자기 비하일까? 그러나 자기 비하라는 부정적인 느낌이 들더라도 사태를 정확히 보는 것이 더 중요하다. 그래야만 이 부정적인 느낌이 완전히 사라지는, 당당한 삶을 꾸릴 수 있는 계기를 만들 수 있다. 여기서 종속적인 시선이란 다름 아닌 따라하는 시선이나 훈고하는 시선이다.

이렇게 말하면, 분명히 '따라하기'나 훈고를 꼭 나쁜 것이라고 할 수는 없지 않느냐는 반론이 있을 것이다. 당연히 나쁘다고만 할 수 없다. '따라하기'를 해야 결국에는 따라잡을 수 있게 되고, 두터운 훈고가 있어야 비로소 창의도 나올 수 있다.

그러나 문제는 지금까지 '따라하기'와 훈고에 더 집중하다 보니, 그것들을 너무 당연한 것으로 받아들이다가, 앞서려 덤비거나 창의를 발휘하려는 의지 자체가 줄어든 것이다. 선도先導나 창의에 대한 절실함이 나타나지 않는 것이다. 또 창의를 발휘하는 일이 얼마나 중요한 일인지를 머리로는 알면서도 그것을 일상의 범위를 벗어난 아주 생소한 활동으로 치부해버린다는 것이다.

그러나 비극적이게도, 지금까지 우리 삶의 대부분을 지배했던 이런 유형의 시선으로 우리가 도달할 수 있는 높이는 딱 여기까지일 수밖에 없다. 우리는 지금 중대한 기로에 서 있다. 우리가 이제껏 가지고 살았던 시선의 높이로는 이룰 수 있는 최상위 단계에 이미 도달했으니, 이제 후퇴냐 아니면 한 단계 더 높은 발전을 향한 도전이냐 하는 기로 말이다. 지금과는 다른 차원의 시선으로 새롭게 무장하지 않으면 우리가 지금까지 쌓은 부와 명성의 수준을 한 단계 상승시키기란 매우 어렵다. 단순히 경제적인 문제가 아니라 사회 정치적인 문제까지도 모두 포함해서 하는 말이다.

지금과는 전혀 다르면서 한 단계 높은 차원의 그 시선이 인문적 시선이고 철학적 시선이고 문화적 시선이며 예술적 시선이다. 이 높이에서는 기능을 추구하는 삶이 아니라 가치를 추구하는 삶에 도전할 수 있다. 이 차원의 시선을 우리의 것으로 가져야만 '따라하기'가 선도하기로 바뀌고, 훈고의 습관이 창의의 기풍으로 바뀔 수 있다.

'서양의 힘', 산업혁명

그렇다면 우리에게 철학은 무엇인가? 철학은 우리 삶에서 어떤 역할을 맡아왔는가? 우리가 보통 말하는 철학, 즉 개념 철학이라는 학문은 원래 동아시아에 있던 학문 구조가 아니다. 이것은 서양의 학문 구조이고, 서양이 세계를 보는 전략적 시선의 총화다. 물론 이런 설명이 매우 생소하고 또 이상하게 들릴 수 있다. 철학을 가까이서 접하던 지식인들에게는 특히 더 그럴지도 모르겠다.

그렇지만 원래 동양에는 '철학'이라는 이름을 달고 세계와 관계를 맺는 특별한 지적 형식이 없었다. '철학'이라는 지적 형식에 맞출 수 있는 내용은 있었지만, 그런 제목을 단 독립적 형식은 없었다는 뜻이다. 그래서 '동양 철학' '중국 철학' 혹은 '한국 철학'이라고 하면, 다루는 자료가 과거의 것들이기 때문에 매우 오래된 학문처럼 들리지만, 사실은 그 모두가 신흥 학문에 속한다. '동양 철학'은 동양의 사상적 혹은 지적 자료를 철학적으로 다루는 학문을 말한다. '한국 철학'도 마찬가지다. 한국의 사상적이고 지적인 자료를 철학적으로 다룬다는 뜻이다. 철학적으로 다룬다는 이 방법이 동아시아에서는 새로운 것이다.

우선 동양 사회가 서양 철학을 받아들이게 되는 과정을 제대로 알 필요가 있다. 동아시아에 서양 철학이 들어온 일은 산업혁명 이후에 힘이 커진 서양의 제국주의 역사와 관련이 있다. 동아시아에 철학이 들어온 일이나 한국에 철학이 들어온 일을 얘기할 때는 반드시 아편전쟁阿片戰爭, Opium War에서부터 시작해야 한다. 1840년에 발발한 아편전쟁은 '동양에 대한 서양의 완전 승리' '서양에 의한 동양의 완전 패배'를 의미한다. 동양과 서양 사이에 완전한 승패를 나눠 가졌다.

아편전쟁을 매개로 해서 동아시아는 비로소 자신에 비해 서양의 힘이 얼마나 센지를 구체적으로 알게 되었다. 물론 그 이전부터 동아시아에서는 서양의 힘을 짐작할 수 있는 크고 작은 사건들이 있었지만, 가장 구체적이고 큰 사건이 바로 아편전쟁이다. 아편전쟁을 계기로 서양과 동아시아 사이는 힘의 균형이 완전히 무너진다. 그러면 서양이 동아시아에 대하여 완전히 승리할 수 있었던 힘은 어디에서 온 것일까? 이를 살펴보기 위해, 우리의 시선은 산업혁명產業革命, Industrial Revolution으로 거슬러 올라간다.

산업혁명은 1760년부터 1840년 사이에 영국에서 시작된 큰 변화의 흐름을 가리킨다. 물론 그때 그곳에서 살던 사람들이 스스로 산업혁명을 수행하고 있다는 자각을 하지는 않았을 것이다. 산업혁명이라는 말은 나중에 역사학자 토인비Arnold Toynbee가 만들었다. 영국에서 그 이전과는 전혀 다른 엄청난 산업적 팽창이 이루어지면서 덩달아 정치, 경제, 사회적 제반 조건이 크게 달라졌는데, 그는 그 시기가 역사적으로 매우 특별한 의미를 가진다는 것을 알게 된다. 그래서 이 기간을 일컬어 산업혁명 시기라고 한 것이다.

산업혁명 이전의 세계는 농업을 중심으로 하는 사회였다. 그러던 것이 산업혁명 때부터 공업 사회로 이동한다. 산업혁명의 특징은 한마디로 공업화다. 그 공업적 발달을 야기한 최초의 움직임은 방직에서 나타나는데, 처음에는 양모 산업 모직 분야에서 나타나고 그다음에는 면직으로 이동한다. 방직 산업에서 사용되는 방적기계가 나날이 발전하면서 면직물 생산량이 급속도로 늘어나고 공장이 수없이 세워진다. 그리고 제철 산업 분야에서는 새로운 에너지원으로 나무가 아니라 석탄을 사용하게 된다.

석탄을 사용하자 숯을 에너지원으로 했을 때와는 전혀 다르게 생산력이 커지고, 덩달아 제철 산업이 크게 발달한다. 그리고 기계를 중심으로 한 공업화가 진행되면서 기계를 둘러싸고 노동력 또한 집중된다. 이 노동력의 집중 현상으로 자연스럽게 도시화가 진행되고, 이 도시화는 산업혁명의 대표적인 특징이 된다.

공업화가 진행됨에 따라 농민들은 자연스럽게 농토로부터 이탈하고, 농토로부터 이탈한 농민은 새로운 수익을 창출하는 길을 따라 어쩔 수 없이 도시로 흘러들어가 노동자로 변모한다. 이에 따라 이전 사회에서 전형적인 계급 구조를 이루던 영주와 농노 사이의 관계가 산업혁명을 계기로 자본가와 노동자의 관계로 바뀐다. 이제 사회는 영주와 농노가 아니라 자본가와 노동자가 꾸리게 되었다.

농업과 농촌 위주의 경제 구조가 공업과 도시 중심으로 급속히 바뀌면서 산업 생산력은 이전과 비교도 할 수 없을 만큼 팽창한다. 그리고 극도로 팽창된 생산력은 바야흐로 유럽이라는 제한된 영역 안에 갇혀 있을 수 없을 정도가 된다. 그 힘이 기존의 조직으로는 감당하거나 관리할 수 없을 정도로 커진 것이다. 결국 이들은 팽창된 생산력을 유지하고 감당하기 위해서 새로운 원료를 찾고 또 새로운 시장을 찾아야만 했다.

새로운 원료와 새로운 시장을 찾는 이 무력적인 강제 활동들이 바로 우리가 흔히 말하는 제국주의의 팽창이다. 토인비가 산업혁명이 완성된 해를 1840년으로 보았는데, 바로 그 1840년에 아편전쟁이 발발했다는 사실이 암묵적으로 많은 것을 이야기하는 듯하다.

중국의 굴욕, 아편전쟁

영국을 필두로 한 산업 선진국들은 커진 힘을 외부로 계속 팽창시키다가 드디어 중국에까지 오게 된다. 그동안 영국과 중국 사이의 교역에서 중국은 주로 차, 비단, 도자기를 팔고 영국은 인도의 면화나 자국의 면직물을 팔았다. 중국은 차나 비단을 영국으로 많이 수출하면서도 영국의 면화나 면직물은 그다지 많이 수입하지 않아서 무역수지에 불균형이 발생한다. 더군다나 영국 정부에서 1784년 귀정법歸正法, Commutation Law을 실시해 차에 대한 수입세율을 10분의 1 정도로 대폭 인하하자 중국차의 수입은 폭발적으로 늘어났다. 당연히 영국의 무역수지는 악화되었다.

영국에서는 산업혁명의 진척에 따라 당시 은본위제 화폐 구조 속에서 은이 더욱 많이 필요해진데다 인도를 식민지로 경영하는 데에도 대량의 은이 필요했다. 더군다나 대중국 무역수지까지 악화되었으니 재정상 여러모로 큰 문제가 아닐 수 없었다.

중국에는 은 보유량이 많아지고 영국에는 은 보유량이 줄어들자 영국은 이 무역 불균형을 해소하기 위해 기발(?)한 방안을 고안해낸다. 그것이 바로 아편이다. 인도에서 재배한 양귀비를 아편으로 가공해 동인도회사에 전매권을 주어 총도매상 역할을 하게 만들어놓고, 그 밑에 영국인들로 구성된 지방 무역상들을 두고 그들로 하여금 중국에 아편 밀무역을 하게 했다. 아편 밀무역을 통해 은을 확보함으로써 무역수지를 맞추려고 한 것이다. 영국의 이런 시도 자체가 산업혁명에서 생산력이 급격히 증대된 것과 관련이 있다.

축약해서 말한다면, 영국이 중국을 침략하려는 의도를 가진 데에는 크게 두 가지 원인이 있다. 하나는 생산력이 증가함에 따라 거기에 필요한 원료를 공급해줄 공급처가 필요했고, 다른 하나는 대량으로 생산된 상품을 판매할 시장을 확보해야 했던 것이다. 단순한 무역수지의 문제가 아니다.

이런 전반적인 추세가 은 보유량의 불균형을 가져왔고, 이를 매개로 아편전쟁이 촉발된 것이다. 사실 아편은 그 이전부터 중국에 밀무역 형태로 조금씩 들어오고 있었지만, 1773년부터 영국이 동인도회사를 통해 아편 밀무역을 본격적으로 실시하면서 수입량이 급격히 증가한다. 심지어 아편전쟁 직전에는 수입량이 4만 상자에 이른다. 요즘 계산법으로 하면 대략 300만 톤이나 된다고 하니 엄청난 양이 아닐 수 없다.

아편은 마약이다. 물론 처음에는 약으로 알고 사용하기도 했다. 초기에 아편은 높은 가격 탓에 상류층들만 즐겼으나, 나중에는 하층민들까지 따라하면서 급속도로 확산된다. 결국 아편에 중독되는 사람이 많아지면서 관청과 군대까지 기강이 무너지고 부패가 심해졌다. 비싼 아편 때문에 농민들은 아예 농사를 짓지 않고 아편을 재배하는 현상마저 발생하고, 아편을 수입하느라 은의 유출이 심각해져서 국가 경제의 근간이 흔들렸다. 중독이 심해져 아편을 사느라 아내와 자식을 파는 현상까지 생겼다. 아편을 흡입하는 장소인 아편굴 또한 늘어만 갔다. 1900년대 초 상하이上海에만 아편굴이 2000곳 이상이었다니 그 폐해를 짐작하기 어렵지 않다.

아편이 유행할수록 은의 유출은 심각해지고, 은 값도 덩달아 올랐다. 은으로 조세를 납부하던 농민들에게는 큰 부담이 아닐 수 없다. 그런 이유로 조세 미납이 속출하고 농민은 유랑자로 전락하기도 했다. 결국 국가 재정은 바닥을 드러냈다. 청나라가 경제적으로나 사회적으로, 정치적 혹은 군사적으로 전면적인 위기에 봉착하게 된 것이다.

늦게나마 청나라는 이 문제를 해결하지 않으면 안 된다는 것을 알게 된다. 즉 막다른 골목에 처했다는 위기감을 갖게 된 것이다. 조정에서는 이를 타개하기 위한 대책을 논의하고, 황제는 아편의 전면 금지를 주장하던 린저쉬林則徐에게 흠차대신欽差大臣의 자격을 주어 광둥廣東에 파견해 아편 문제를 처리하도록 한다. 이에 린저쉬는 영국 상선商船에 실려 있던 아편을 몰수하고 소각해버리는 아주 강력한 조치를 취한다.

이런 과정하에 상황이 복잡하게 전개되다가 결국 선전포고도 없이 양국 간에는 무력 충돌이 발생하고, 1839년 3월 린저쉬의 파견으로 시작된 1차 아편전쟁은 1842년 8월 29일 영국군의 포화가 위협하는 분위기 속에 콘월리스호Cornwallis 號 선상에서 영국의 요구가 그대로 반영된 난징조약南京條約을 체결하는 것으로 마무리된다. 영국의 완승이자 중국의 완패였다. 난징조약의 구체적인 내용을 보면, 당시 분위기를 더 자세히 이해할 수 있을 것이다. 이는 다음과 같다.

1. 홍콩을 영국에 할양한다.
2. 광저우廣州, 샤먼廈門, 푸저우福州, 닝보寧波 그리고 상하이 등 5개 항구를 개항한다.
3. 개항장에 영사領事를 설치한다.
4. 전비배상금戰費賠償金 1200만 달러와 몰수당한 아편의 보상금 600만 달러를 영국에 지불한다.
5. 공행公行과 같은 독점 상인을 폐지한다.
6. 수출입 상품에 대한 관세를 제한한다.
7. 청나라와 영국 두 나라 관리는 대등한 위치에서 교섭한다.

난징조약을 기점으로 중국의 우월적 자의식은 여지없이 무너진다. 영국이나 미국과 같은 서방 국가는 말할 것도 없고, 같은 아시아 국가인 일본에게도 주도권을 뺏긴 채, 중국은 점점 종속의 길을 피할 수 없게 되었다.

난징조약으로 1차 아편전쟁이 마무리되자 중국에서는 영국을 배척하려는 움직임이 강하게 일어난다. 그러다 보니 난징조약에서 개항하기로 합의한 광저우 항마저도 영국인들이 오랫동안 들어오지 못했고, 당연히 아편전쟁의 핵심 의제였던 대對중국 무역이 뜻대로 확대되지 못했다.

이때 영국은 자신들의 공업 제품을 중국에 대량 수출하기 위해서는 항구에만 머물러서는 안 되고 내륙 깊숙이 들어가야 한다고 생각하고, 북쪽의 항구들도 개방시킬 필요가 있다고 판단한다. 이를 위해 영국은 외교적인 경로를 통해 중국과 이미 맺은 조약을 개정하거나 보강하려고 시도하지만, 중국은 이에 응하지 않았다.

오히려 중국은 이런 영국의 행태에 대항해 무력적인 방법으로라도 빼앗긴 권리를 되찾으려고 했고, 그러던 차에 애로호Arrow 號 사건이 일어난다. 영국은 또 이를 빌미로 제2차 아편전쟁을 감행한다.

2차 아편전쟁 당시 영국과 프랑스 연합군은 기껏 2만 5000명밖에 안 되는 병력으로 중국을 완전히 제압한 후 베이징조약北京條約*을 맺는다. 1860년의 일이다. 이때 맺어진 베이징조약을 통해서 미국, 러시아, 독일 등과 같은 여러 나라들이 중국 내륙까지 깊숙이 들어올 수 있었고, 중국은 자신들의 영역을 완전히 유린당한다. 2차 아편전쟁으로 서양의 완전 승리와 중국의 완전 패배는 다시 한번 확인되었다. 이것이 1840년에 시작된 1차 아편전쟁에서 1860년에 끝난 2차 아편전쟁 때까지의 매우 소략한 이야기다.

호기심과 용기 그리고 탐욕스러운 욕망이 기폭제로 작용해 서양의 역사는 신대륙 발견부터 산업혁명에 이르기까지 매우 거칠게 내달렸다. 동양은 그러지 못했다. 동양은 서양과 전혀 다른 세상 속에 있었다. 1760년에 서양에서 시작된 새로운 형태의 산업구조가 생산력을 폭발시켜 인류의 역사를 전혀 다르게 만들 때까

* 청나라가 1860년에 수도인 베이징(북경)에서 영국·프랑스·러시아 3개국과 체결한 조약. 6개 항목으로 되어 있으며, 이 조약에 따라 청나라는 영국에 주룽(현재의 홍콩 중심부)을 내주었고, 러시아에는 연해주를 넘겨주었다.

지 말이다.

산업혁명이 마무리되는 시점과 아편전쟁의 발동 시기(1839년 혹은 1840년)의 이 공교로운 일치 속에는 은밀하게 많은 이야기가 덤겨 있으며, 이는 단순한 흥미 차원을 넘어선다. 모름지기 역사에 책임성을 가진 사람이라면 지성적인 예민함으로 무장해 이를 깊이 음미해야 할 것이다.

패敗 — 서양에 의한 동양의 완전 패배

중국인들은 아편전쟁 이후, 자신들의 패배를 인정하고
일단 "서양 배우기向西方學習"에 나선다.
배움의 목적은 '구국구망救國救亡',
즉 망한 나라를 다시 살려내는 것.

'구국구망'을 위해 서양을 학습하다

1860년에 체결된 베이징조약으로 서양에 의한 동양의 완전 패배는 증명된다. 이 증명이 이루어지기까지 기껏해야 100여 년의 시간이 걸렸다. 1760년에 일어난 산업혁명의 결과가 1860년에 베이징조약으로 마무리된 것이다. 이후 중국인들은 어떻게 서양을 이겨서 실추된 민족적 자존심을 회복할 것인가에 온 역량을 집중한다. 이것을 좀 극적인 단어를 사용해서 '복수심'이라고 할 수도 있겠다.

여기에서 사용하는 복수라는 단어는 극복의 절실한 표현이다. 뒷골목에서 천하게 회자되는 그런 수준의 복수가 아니다. 복수는 굴욕적인 상황을 극복하려는 의지가 절실하게 표현된 단계다. 정상적인 국가, 정상적인 개인이라면 치욕을 당한 다음에는 어떤 방법으로든지 복수를 생각하기 마련이다. 치욕을 당하고도 복수를 생각하지 않거나 시도하지 않는 개인이나 민족이 있다면 아마도 온전한 정신을 가진 것으로 평가할 수 없을 것이다.

이 복수의 결기도 없이 무조건적인 화해나 평화를 들먹인다면,

이는 나약함의 표시일 뿐이다. 복수는 극복이고 자기 회복의 필수 과정이다. 복수의 결기가 없는 민족은 피해를 가한 상대를 저주하거나 증오하는 것으로만 세월을 보낸다. 이러다 보면, 가해자의 장점을 배워서 자신의 힘을 기르려 하거나 자신의 약점을 보완하려는 노력은 시작되지 못한다. 반면에 살아 있는 민족은 저주나 원망에만 머물지 않고 패배의 근원을 탐색하고 조용히 힘을 기르며 최소한 다시는 굴욕을 당하지 않으려고 몸부림친다. 이런 자세에서라야 진정한 용서와 평화도 가능하다.

조선의 역사에 중국과 일본으로부터 당한 치욕은 적지 않다. 무엇보다 임진왜란壬辰倭亂을 예로 들 수 있다. 우리는 모두 임진왜란을 민족적 치욕이라고 말한다. 침략한 일본을 나쁘다고 미워하고 증오한다. 맞다. 치욕을 당한 후 어찌 증오심이 없겠는가?

하지만 우리는 그것을 하나의 치욕으로만 여기고 또 일본을 증오하기만 했다. 지금껏 그 치욕을 되갚아주려는 장기적이고 차분한 준비는 없었다. 나는 임진왜란을 당한 것도 치욕이지만, 더 큰 치욕은 이것을 되갚아줄 어떤 시도도 구체적으로 행하지 못했다는 점이라고 본다. 사실상 복수전은 시도조차 하지 못했다. 이것이야말로 스스로에게 묻는 더 큰 치욕이어야 한다.

그리고 임진왜란이 지난 300여 년 후에 우리는 더 큰 치욕을 당한다. 일본으로부터 36년 동안이나 국권을 침탈당했다. 나라를 빼앗긴 것이다. 식민지가 되었다. 한 나라에 이보다 더 큰 치욕이 있을 수 있는가?

그런데 해방 이후 우리는 지금까지 무엇을 했는가? 우리는 우리의 정력을 일본을 증오하는 일에만 바쳤는가? 아니면 일본을 극복하려는 노력에 더 바쳤는가? 지금부터라도 우리가 일본에게 왜 당했는지 그리고 어떻게 해야 다시는 그런 치욕을 당하지 않게 될 것인지에 대해 깊이 숙고하고 새로운 힘을 모아야 한다. 감정적으로 일본을 증오하는 것보다 이것이 훨씬 제대로 된 자세일 것이다.

일본을 증오하는 대신에 일본인들보다 더 자신의 일에 몰입하고 헌신해야 한다. 일본인들보다도 더 신용을 지켜야 한다. 일본인들보다도 더 친절하고 예의를 지키며 공공질서를 지켜야 한다. 일본인들보다 더 책을 많이 읽고 더 깊은 탐구 정신으로 학습해야 한다. 일본보다 더 전략적이어야 한다. 일본보다 더 청렴해야 한다. 일본을 증오하는 데 쓰는 힘보다 훨씬 더 큰 힘을 일본을 배우는 데 써야 한다. 일본을 무시하고 증오하기만 하다가는 다시 치욕을 당할 가능성이 커질 뿐이다.

지금부터라도 일본인들보다도 더 정직해야 한다. 일본인들보다도 운동을 더 열심히 해야 한다. 일본인들보다도 더 친절해야 한다. 무슨 일이든지 일본인들보다 더 잘하려고 노력해야 한다. 일본을 증오하고 분노만 표출하는 것으로는 부족하다. 바로 이것이 일본을 극복하는 길이다. 일본을 이기려는 길로 가지 않고 다시 패배하는 길로 가서는 절대 안 된다. 이렇게 하여 두 나라의 힘이 같아진다면 오히려 일본의 침략 야욕을 잠재우고 진정한 선린 관계가 이루어질 수도 있지 않겠는가? 이것이 우리가 나아갈 당당한 길이다.

중국은 서양으로부터 완전히 패배당한 다음에 신중하지만 강렬하고 일관되게 복수를 준비한다. 물론 그들이 복수라는 말을 대놓고 쓰지는 않았지만, 사실은 복수다. 그 복수의 과정은 일관되었으며, 움직임은 매우 전략적이었다. 우리는 이것을 깊이 배워 내면화할 필요가 있다.

이것은 비단 중국에만 해당하는 문제가 아니다. 일본도 페리Matthew Calbraith Perry 제독提督*에 의해 강제 개항을 당한 후 철저히 서양을 배우는 길로 들어선다. 이것도 복수의 일환이라 말할 수 있다. 복수의 정신을 발휘해 가해자들에게 되갚아줄 요량으로 똘똘 뭉쳐 역량을 결집시킨 민족은 번영하고, 그렇지 못한 민족은 항상 종속적인 위치에서 벗어나지 못했다. 이것은 사실이다. 평화와 용서도 이 극복과 복수의 정신 위에서 행해져야 의미가 있다. 이런 정신도 없이 평화를 주장하는 것은 사실 평화를 구걸하는 것이나 마찬가지다.

아편전쟁이 끝나자마자 중국에서는 웨이위엔魏源**이나 린저쉬 등이 "오랑캐들의 좋은 기술을 배워서 오랑캐들을 제압하자師夷長技以制夷"는 구호를 내세우며 서양을 배울 것을 주장하기 시작했다. 이 연장선상에서 아편전쟁이 마무리되던 1860년 이듬해부터 중국인들

* 1794~1858. 대(對)멕시코 전쟁에 참전했던 미국의 군인. 동인도 함대 사령관, 일본 특파대사를 겸임했다.

** 1794~1856. 청나라 말기의 학자. 중국의 민족적 위기를 자각해 『성무기』 『해국도지』 등의 많은 책을 저술했다.

은 바로 자신들의 주장을 실현하려 양무운동洋務運動*을 일으킨다. 중국인들 입장에서 왜 서양에 패배할 수밖에 없었는지에 대해 곰곰이 생각해보니 가장 구체적으로 대포와 군함이 떠올랐다. 대포와 군함에 당했으니까 이를 가져야 되겠다 싶어 서양의 과학기술 문명을 따라잡으려고 노력한다. 양무운동은 이렇게 약 30년 동안 진행되었다.

서양의 과학기술 문명 중에서도 아편전쟁 당시의 핵심은 대포와 군함이었다. 중국은 대포와 군함을 제조하기 위해 철 생산에 몰두한다. 철 생산을 위해 외국에서 광산 전문가들을 초빙하는데, 그중 한 사람이 스웨덴의 요한 군나르 안데르손Johan Gunnar Andersson**이다. 그런데 중국의 광산을 개발하는 과정에서 그는 고고학적인 유물들을 상당수 보게 되었고, 이에 광산 개발보다는 유물 발굴에 더 열성을 쏟는다. 그리고 어느 날 비교적 완정된 형태의 인간 두개골을 발굴하기에 이른다.

이것이 바로 우리가 역사에서 배우는 가장 오래된 두개골인 50만 년 전 '베이징원인北京原人'인데, 베이징원인은 정작 안데르손이나 그 후임자였던 캐나다 고인류학자 데이비드슨 블랙Davidson Black의 눈에 띄지 않고, 블랙이 현장 책임자로 임명한 25세의 중국인 페이원중裵

* 1861년부터 1894년까지 중국 청나라에서 일어난 근대화 운동. 서양의 문물을 수용해 부국강병을 이루고자 하는 자강(自强) 운동이다.

** 1874~1960. 스웨덴의 고고학자이자 지질학자. 나중에 황제가 된 위안스카이 정권의 '중국북양정부농상부광정고문(中国北洋政府农商部矿政顾问)'이라는 신분으로 초청되어, 중국 각지의 지질 조사를 하는 한편, 고생물학적·고고학적 조사 발굴에 종사해서 베이징원인의 발견과 화북의 신석기 시대 유적, 특히 채도 문화의 발굴 등에 기여했다.

文中의 눈에 들어왔다. 마치 베이징원인도 외국인보다는 중국인 앞에 먼저 나타나려고 애쓴 것처럼 말이다. 그러니까 베이징원인 발굴도 사실은 양무운동의 한 성과라고 할 수 있다.

어쨌든 중국은 서양으로부터 패배를 당한 다음에 이것을 되갚기 위해서 서양을 이길 수 있는 방안을 모색한다. 이때 중국인들은 서양을 이겨 중국 민족의 기상을 다시 높이고자 하는 의지, 즉 자신들이 처한 상황을 두 가지 글자로 압축해서 표현하는데, 그 첫 번째가 바로 '구국구망救國救亡'이다. 조국과 민족을 구한다는 뜻이다. 그리고 구국구망하기 위해 중국의 온 민족이 함께 해내야 하는 최종 목표를 설정하는데, 그것이 바로 '서양학습向西方學習', 즉 '서양 배우기'다.

드디어 '배후'의 힘을 보다

1860년에 체결된 베이징조약 이후, 중국의 행보는 구국구망에 초점이 맞춰진다. 이후의 일들은 모두 구국구망하기 위한 방편들이라 할 수 있다. 구국구망하기 위해 가장 먼저 '서양 배우기'에 나서고, '서양 배우기'의 첫 번째 단계가 대포와 군함으로 상징되는 과학기술 문명이었다. 이것이 바로 앞에서 말한 양무운동의 내용이다.

양무운동은 큰 결실을 맺는다. 바로 북양대신 리훙장李鴻章*의 주

* 1823~1901. 청나라 말기의 정치가. 오랑캐로 오랑캐를 다스린다는 이이제이(以夷制夷) 정책으로 열강들을 서로 견제시켰다.

도로 강력한 북양함대北洋艦隊를 재건한 것이다. 양무운동을 주도한 세력들에게 이 북양함대의 재건은 큰 자부심이었지만, 그 자부심은 1894년 발발한 청일전쟁의 패배로 여지없이 무너진다. 북양함대가 참패하고 청일전쟁에서 패배하자 중국인들은 양무운동만으로는 부족하다는 것을 깨닫고 더욱 철저하고도 근본적인 개혁을 시도한다.

양무운동 내내 중국인들은 과학기술 문명을 서양처럼 발전시키기만 하면 서양을 이길 수 있을 것이라고 생각했다. 그런데 30년 동안의 양무운동 후 중국인들은 깨닫는다. 바로 서양의 힘이 과학기술 문명에서만 나온 것은 아니라는 사실이다. 그들은 과학기술 문명을 가능하게 해주는 더 큰 힘이 그 배후에 있다는 것을 알게 된다.

배후의 그 힘은 무엇인가? 바로 정치제도다. 중국인들이 보기에 서양의 강점은 단순히 과학기술 문명에 있는 것이 아니라, 그 강력한 과학기술 문명을 가능하도록 한 배후의 힘, 즉 정치제도에 있었다. 이때부터 중국인들은 과학기술을 넘어 서양의 제도를 배우려는 노력에 집중한다. 그래서 1898년부터 다시 변법자강운동變法自疆運動*을 일으킨다.

당시 제도 개혁의 깃발을 든 사람은 캉유웨이康有爲**와 그의 제자

* 청일전쟁 패배 이후 절충적 개혁의 성격을 갖는 양무운동의 한계를 느낀 캉유웨이, 량치차오 등이 주도해서 청나라 사회 전반의 제도들을 근본적으로 개혁하고자 한 운동. 일본의 메이지유신을 모델로 했다.

** 1858~1927. 청나라 말의 공양학자(公羊學者)이자 정치가. 무술변법(戊戌變法) 개혁의 중심적 지도자다.

량치차오梁啓超*였다. 여기서 '변법'이란 제도 개혁을 말한다. 그런데 당시 정치 상황은 아직 어린 광서제光緖帝**를 대신해 보수적인 서태후西太后***가 실권을 행사하고 있어서, 변법 유신에 대한 상서를 올려도 광서제까지 올라가기가 매우 어려웠다. 그럼에도 불구하고 상서가 끊이질 않고 올라가자 광서제가 서태후를 설득한 후 변법을 요구하는 상서를 받아들인다. 결국 청나라에 변법이 시행되고 캉유웨이는 총리아문장경總理衙門章京 에 임명된다.

이렇게 해서 변법 유신 개혁이 본격적으로 시작되었다. 과거시험이 폐지되고, 학교가 설립되었다. 또한 서양이 강한 것은 입헌제도와 대의제도가 있기 때문이라고 생각한 중국은 서로 다른 경로로 이를 추진했다. 이 결과로 입헌파와 혁명파가 생겨났다. 제도적인 서양 배우기에 성공하면 중국도 일본처럼 부강하게 될 수 있을 것이라고 생각한 것이다.

그러나 과정은 그렇게 순탄치 못했다. 개혁 추진 세력을 전면에 등장시키고 수구 세력을 제거하는 과정에서 이들의 노력은 권력 투쟁으로 변질된다.

자신의 세력이 위축되는 것을 두려워한 서태후의 반격이 본격화

* 1873~1929. 청나라 말 중화민국 초의 계몽 사상가이자 문학가. 계몽적인 잡지를 발간해 신사상을 소개하고 애국주의를 고취해 중국 개화에 공헌했다.

** 1871~1908. 청나라 제11대 황제. 재위 기간은 1874~1908년이다.

*** 1835~1908. 청나라 함풍제(咸豊帝)의 후궁이자 동치제(同治帝)의 생모. 청나라 말 약 반세기 동안 조정의 중심인물로 동치제와 광서제(光緖帝)의 섭정을 지내면서 황제 위의 최고 권력으로 군림했다.

되자, 탄쓰퉁譚嗣同* 등의 개혁파들이 위안스카이袁世凱**와 손을 잡고 개혁 추진 동력을 강화시키려 했지만, 위안스카이는 서태후와 손을 잡아버린다. 어쩔 수 없이 캉유웨이와 량치차오는 일본으로 망명하고, 탄쓰퉁은 처형된다.

변법운동은 이렇게 막을 내린다. 고작 103일 동안의 일이다. 그래서 변법자강운동을 백일유신百日維新이라고도 부른다. 단기간에 실패로 끝났지만, 지도층에서 일어난 최초의 정치 개혁이라고 평가할 수 있다. 이로써 중국인들은 과학기술도 중요하지만, 그 배후에서 강한 힘을 발휘하는 정치 개혁이나 제도 개혁이 더 중요하다는 점을 이해할 정도로 사유의 높이를 상승시켰다.

'가장 큰 힘', 문화와 사상과 철학

중국인들은 변법자강운동을 통해 제도를 서양처럼 일신하면 서양과 같은 힘을 가질 수 있을 것이라고 판단했지만, 이 운동 또한 결국 큰 성취 없이 실패로 끝났다. 그런데 변법자강운동이 실패했다고 해서 거기에서 바로 멈추지 않았다. 그들은 제도 너머의 더 심층적인 힘을 찾는 데 주력했다. 어떤 시도도 실패로만 마무리되는 법은 없다. 그 시도 자체가 이미 성공을 부르기

* 1865~1898. 청나라의 사상가. 중국 정치 개혁의 중심인물로, 캉유웨이보다 진보적인 변법론을 전개하였다. 중국에서 근대 혁명의 시초로 평가받는다.

** 1859~1916. 중국의 군인이자 정치가. 북양군벌(北洋軍閥)의 기초를 마련하고 변법운동을 좌절시켰다.

때문이다. 설령 그것이 실패라고 하더라도 그것으로 인해 무엇인가를 시도하는 동력을 경험하기 때문이다. 이 경험된 동력은 실패의 암울한 풍경 속에서도 꿈꾸는 자들을 더 심층적이고 새로운 곳으로 인도한다. 문제는 꿈을 꾸지 않는 일이다. 시도하지 않는 일이다. 따라서 우리는 현재를 넘어서려는 그 어떤 시도라도 감행해야만 한다.

그렇게 중국인들은 변법자강운동의 좌절을 통해 정치나 제도 너머에 있을 더 근원적인 힘을 찾아 나선다. 그렇다면 '더욱 큰 힘'은 무엇이겠는가? 중국인들은 그것을 문화, 윤리, 사상, 철학으로 보았다. 그래서 이때부터 중국인들은 신문화, 신사상, 신철학 운동을 일으킨다. 새로운 문화, 새로운 사상, 새로운 철학을 가져야만 건강한 정치 제도가 가능하고, 이 건강한 정치 제도가 가능해야만 과학기술 문명이 발전하게 된다고 인식한 것이다. 이 점은 량쑤밍梁漱溟* 이 잘 서술하고 있다. 그의 말을 그대로 옮겨본다.

> 이에 모두가 정치 개혁도 지엽적인 것이며 배후에 더욱 근본적인 문제가 있음을 깨닫게 되었다. (…) 단순히 정치 제도의 채용만으로 성공할 수 없다면, 반드시 근본 기반을 바꿔야 하는데 가장 근본적인 것은 바로 윤리사상—인생철학이다. 그래서 진독수는 그가

* 1893~1988. 중국의 사상가이자 대표적인 실천적 지식인. 현대 신유학의 창시자로 평가받는다.

쓴 「우리의 궁극적 자각吳人最後之覺惡」에서 각종 개혁이 통용되지 못하는 가장 근본적인 이유는 윤리사상에 있음을 깨달았다고 하였다. 이 근본을 개혁하지 않으면 모든 개혁도 효과가 없으리라는 것이었다. (…) 이런 깨달음이 있었으므로, 사람들은 무엇보다도 사상의 개혁—문화운동을 해야 한다고 주장할 수 있었다.[1]

량쑤밍은 천두슈陳獨秀* 등이 과학기술이나 제도를 넘어서서 개혁의 초점을 윤리, 사상, 문화에 두자고 한 관점을 매우 옳은 것으로 평가한다. 초점(시선)의 높이가 더 높아졌다. 가장 근본적인 근거에 도달한 것이다. 당시 중국인들이 표현한 윤리, 사상 그리고 문화라는 표현을 한마디로 압축하면 바로 '철학'이다. 당시 그들에게 '철학'이라는 용어가 아직 익숙하지 않아서 그런 용어들을 사용했다.

어쨌든 부국강병의 가장 근저에 문화가 있다는 것, 사상이 있다는 것, 철학이 있다는 것을 알게 되었다. 다른 말로 하면 중국인들은 가장 높은 곳에 문화가 있고 사상이 있고 철학이 있다는 것을 역사적인 경험과 극복 과정을 통해서 확인한 것이다.

이전에는 이런 것들에 대해서 몰랐다거나 가지지 못했었다는 것보다도, 서양으로부터 당한 치욕을 극복하고 새로운 부강의 시대를 향한 개혁의 과정에서 '철학'이 가장 근본적인 기능을 한다는 점을

* 1880~1942. 중국의 사상가이자 정치가. 1915년에 잡지 《신청년(新青年)》을 창간하였고, 1921년에 중국 공산당을 결성하는 등 혁명의 문화적 토대를 마련하였다.

인식했다는 사실이 중요하다.

1912년에 중국은 이전과 전혀 다른 정치 제도 구축에 성공한다. 바로 2000년간 지속되었던 황제 체제를 무너뜨리고 민주주의와 자유주의 분위기로 가득 찬 중화민국을 성립시켰다. '중화민국은 중화 인민이 조직한다' 그리고 '중화민국의 주권은 국민 전체에게 있다'를 제1조와 2조로 하는 임시약법臨時約法도 선포한다.

이 임시약법의 내용만 보더라도 중국인에게 이것이 얼마나 새로운 정치제도였을지 짐작할 수 있다. 하지만 새 제도는 3개월을 넘기지 못한다. 1912년 3월에 위안스카이가 대총통大總統 직을 쑨원孫文* 으로부터 빼앗고, 국민당과 국회를 해산시킨다. 위안스카이는 과거의 황제직을 복원하고 스스로 황제 자리에 앉는다. 이로써 중국은 일순간에 다시 과거로 돌아갔다.

이렇듯 정치제도의 개혁이 실패하자 중국인들은 개혁의 근본적인 지점을 또다시 찾아 나서게 되고, 1917년 신문화운동을 일으킨다. 이제 중국은 바야흐로 정치운동, 사상운동, 문화운동으로 진입한다.

이 문화운동을 촉발시켰던 천두슈가 1921년 마오쩌둥毛澤東**과 상하이에서 비밀리에 공산당을 설립하고, 각고의 노력 끝에 1949년 10월 1일 중화인민공화국이 세워진다. 중국인들은 혁명을 통해 세

* 1866~1925. 중국 혁명의 선도적 정치가. 민족·민권·민생의 삼민주의를 제창하고 공화제를 창시했다.

** 1893~1976. 중국의 정치가. 중화인민공화국을 세운 후 국가 주석 및 혁명군사위원회 주석을 1949~1959년의 기간 동안 지냈다.

운 새로운 이 나라를 스스로 '신중국新中國'이라고 부른다. 이 '신중국'은 결국 철학적인 혁명이었다. 중국의 중심 철학이 유교에서 서양의 마르크스-레닌주의Marxism-Leninism로 이동한 것이다. 이제 동아시아에서 중심적인 지위를 누려왔던 중국은 스스로를 지배하는 가장 높은 시선을 자신들에게 이미 있던 것을 개량해 사용하는 대신 서양의 그것으로 일순간 바꾸어버린다.

이는 중국이 아편전쟁 이후 서양에게 당한 굴욕을 회복하거나 보복하거나 극복하기 위해 우선 철저하게 민족적 상황을 인식하고, 그 상황에 맞는 '도전'들을 꾸준히 추진한 결과다. 이렇듯 중국 개혁의 최종적인 선택은 결국 문화고 사상이고 철학이었다.

동아시아에서 철학의 시작, 그 세 개의 풍경

그렇다면 중국이 문화적인 높이에서 개안을 하는 동안 한국은 어떤 상황이었을까? 일본은 1854년 3월 1일 미국의 페리 제독에 의해서 강제로 개항한다. 이때 맺은 조약을 미일화친조약美日和親條約이라고 하는데, 일본으로서는 외국과 맺은 최초의 조약이며, 역시 불평등 조약이다. 그리고 한국은 1875년에 일본에 의해서 강제로 개항한다. 그러니까 일본은 미국에 의해서 개항하고, 중국은 영국과 프랑스 등에 의해서 개항하고, 조선은 일본에 의해서 개항했다.

일본의 개항 시점인 1854년과 조선의 개항 시점인 1875년 사이에는 약 20년 정도의 간극이 있다. 이 20년 동안 일본은 영국과 미국이 중국과 일본에 그랬듯이 다른 나라를 강제로 개항시킬 정도까지 부강해진다. 이런 개항의 시간 차가 근대 국력의 차이를 형성한 것은 아닐까?

1875년에 강화도로 일본 함선 운요호가 들어오는데, 이것이 운요호사건雲揚號事件*이다. 일본은 정한론征韓論**의 기조에 따라 조선을 식민지화할 것을 이미 염두에 두고 일부러 강화도로 불법 침입해서 사건을 일으킨다. 이 사건은 1876년 2월 27일 불평등 조약의 전형인 조일수호조규朝日修好條規로 마무리된다. 통상조약通商條約의 성격으로 맺어진 이 조약은 병자수호조약으로 불리기도 하는데, 흔히들 강화도조약이라고 일컫는다.

우리도 불평등 조약을 맺고 역시 강제로 개항을 당한다. 다만 강제력을 행사한 주체가 유럽이나 미국이 아니라 일본이었을 뿐이다. 일본은 서방 국가에 의해 강제로 개항을 당했지만, 근대의 길을 착실히 걸어온 결과 벌써 우리나라를 개항시킬 정도로 막강한 국력을 가졌다. 일본의 그 힘은 어디에서 왔는가?

일본은 1854년 개항을 하고 나서 큰 정치적 변화를 겪는다. 1867년에 막부幕府*** 시대를 마감하고 왕정으로 복귀하더니 바로 이

* 1875년 9월 20일(고종 12), 일본 군함 운요호의 강화 해협 불법 침입으로 발생한 한일 간의 포격 사건이다.

** 1870년대를 전후해 일본 정계에서 강력하게 일어난 조선에 대한 공략론을 말한다.

*** 12~19세기에 쇼군(將軍)을 중심으로 세력을 떨치던 일본의 무사 정권을 지칭한다.

어서 과감하게 1868년부터 1889년까지 메이지유신明治維新*을 감행한다. 1868년에 왕정으로 돌아감으로써 봉건제라는 낡은 제도에서 벗어나 국가가 통일된 목표와 방향을 향해 일사분란하게 앞으로 나아갈 수 있었다.

이런 과정을 거치며 일본은 시대적 조류에 맞는 길을 걸을 수 있게 되면서 효율성이 매우 높은 국가로 변모하고, 그로 인해 생산력이 증대되면서 국력이 강해진다. 일본은 이 힘을 가지고 1875년에 강화도를 강제 개항시켰다.

중국은 1860년에 베이징조약이라는 불평등 조약을 체결하는 굴욕을 당하고 나서 바로 1861년부터 과학기술 문명, 그리고 계속해서 제도, 철학으로의 역사적 진보를 이어간다. 그런데 중국인들이 철학적 시선의 필요성을 알게 된 것은 1917년부터라고 할 수 있다.

더군다나 우리가 지금 사용하는 이 '철학'이라는 용어는 중국이 아닌 일본에서 건너온 것이고, 동아시아에는 그때까지 '철학'이라는 이름에 걸맞은 학문 자체가 없었다. 1874년에 일본에서 니시 아마네西周**가 『백인신론百人新論』이라는 책을 쓰면서 철학이라는 용어를 처음 사용한다.

그 이전에는 철학이라는 말을 '희希철학'이라고 했다. 철학을

* 1868년 일본의 왕정복고(王政復古)와 함께 시작된 근대화 운동. 중앙집권 통일국가를 이루어 자본주의 형성의 변혁점이 되었다.

** 1829~1897. 메이지 시대의 철학자이자 교육자. 번역서 『만국공법』을 통해 국제법을 설파했고, 계몽 단체를 결성해 서양 학문의 보급을 위해 노력했다.

뜻하는 영어인 '필로소피philosophy'는 원래 그리스어 '필로소피아 philosophia'에서 유래한 것으로, 필로는 '사랑하다' '좋아하다'라는 뜻이고 소피아는 '지혜'라는 뜻이다. 이로써 필로소피아는 '지知'를 사랑하는 것, 즉 '애지愛知의 학문'을 의미한다. 여기서 사랑한다는 뜻을 '희希'자로 표현하고 지혜에 '철哲'자를 붙여서 희철학이라고 했는데, 이것을 나중에 니시 아마네가 『백인신론』에서 '희'자를 빼고 '철학'으로 만들었다.

니시 아마네는 네덜란드 레이던대학 유학생이었다. 이 말인즉 1870년대에 이미 일본인들은 네덜란드에서 유학을 했고, 또한 사유의 가장 높은 단계를 배웠다는 것이다. 우리보다 한참 앞선 일이다. 니시 아마네를 통해 일본은 1874년에 철학이라는 개념을 인식하고 그 높이에서 이루어지는 구상을 한다. 일본이 1874년에 철학이라는 관점을 갖기 시작했다면, 중국은 1917년이 되어서야 그것을 문화운동이나 정치적인 맥락에서 접목하고 시도하였다.

그렇다면 우리나라는 어떠했을까? 1924년 일제하에서 경성제국대학京城帝國大學*이 생기고, 1926년에 최초로 철학과가 만들어진다. 물론 보다 앞선 1917년에 최두선崔斗善이 일본 와세다대학 철학과를 나와 1922년에 독일 마르부르크대학에 유학을 가기도 하지만, 중도에 그만두고 귀국한다. 이때 최두선은 자신이 가지고 들어온 100여

* 일제가 서울(당시 경성부)에 세운 관립 종합대학. 한국인의 고등교육기관을 봉쇄할 목적으로 설립한 것이다.

권의 서양 철학 도서를 보성전문학교에 기증한다. 이것이 아마 한국에 들어온 최초의 서양 철학 도서일 것이다. 최초의 철학박사는 1921년 취리히대학에서 학위를 받은 이관용李灌鎔*이다.

이처럼 우리가 철학을 수용하는 발걸음을 막 떼기 시작할 때, 일본은 이미 철학의 생산 단계에 들어갔다. 가토 히로유키加藤弘之의 『자연과 윤리自然と倫理』가 1912년에, 니시다 기타로西田幾多郎의 『선의 연구善の研究』가 1911년, 『사색과 체험思索と體驗』이 1915년에 나올 정도로 이미 철학을 생산하는 단계에 진입하였다.

철학의 생산은 곧 사유의 독립을 의미한다. 간단히 예를 들었지만, 양적으로도 일본은 이미 1910년대와 20년대 사이에 큰 성과를 냈다. 반면 우리나라는 이들이 철학을 생산할 때, 비로소 수용을 시작한다. 사유의 정점인 철학에서부터 이미 일본을 쫓아갈 수밖에 없는 숙명을 안게 되었다. 강영안 교수의 말대로 "한국 철학은 이렇게 1920년대 후반과 30년대 초에 해외 유학파들의 귀국과 경성제대 졸업생들의 배출과 함께 형성"되었으며 "서양 철학을 원전을 통해 직접 연구하기 시작한 것은 1920년대 후반"이었던 것이다.[2] 그 이전까지 조선은 근대적 의미에서 철학이라는 시선, 철학이라는 높이, 문화 자체에 대한 자각적 시각을 갖지 못했다.

여기까지가 아편전쟁 이후 동아시아의 각기 다른 세 풍경이다.

* 1894~1933. 일제강점기의 독립 운동가이자 언론인·교육자. 서양 철학을 본격적으로 국내에 소개하는 한편, 식민지 체제 극복을 위해 적극적으로 현실에 참여했다.

복 — 서양을 배우다

復

서양의 모든 월등함이
그들의 월등한 사상, 문화, 철학에서 왔음을 깨달은즉
'구국구망救國救亡'하기 위해서는
서양의 그것들을 철저히 배울 수밖에 없다.
우리가 '지금의 것'을 전면적으로 부정해야만 하는 이유다.

궁극적 지점을 향한 열의를 갖다

우리는 서양을 배워가는 중국인들을 주의 깊게 봐야 한다. 그들은 1861년에 양무운동, 1898년에 변법자강운동, 1917년에 신문화운동으로 이행하는 과정에서 철학이라는 것, 사상이라는 것, 문화라는 것이 민족을 구할 수 있는 최상의 길이라고 판단한다.

앞에서 언급한 대로, 천두슈는 그의 글「우리의 궁극적 자각」에서 "각종 개혁이 통용되지 못하는 가장 근본적인 이유는 윤리사상에 있음을 깨달았다"고 했다. 왜 지엽적인 여러 문제들, 즉 정치적 논쟁들, 제도적 논쟁들이 해결되지 않고 타협이 되지 않는지 생각해보니 그 논쟁의 중심에 있는 사람들이 자신들 논의의 뿌리를 윤리사상에 두고 있지 않기 때문이라는 것이다. 여기서 윤리사상은 단순히 좁은 의미의 '윤리ethics'를 말하는 게 아니라 문화, 철학, 사상을 다 함께 말한다.

그리고 그는 또 "서양 문화를 채용할 때, 동양 문화를 근본적으로 배척하지 않으면 안 된다"고 말한다.

우리가 흔히들 중국에 마르크스-레닌주의가 유입된 것을 가지고 왈가왈부하는데, 이 혁명적 사상의 도입은 중국인들이 역사적 책임성을 발휘하는 과정에서 나올 수밖에 없었던 매우 자연스러운 귀결이다. 중국은 애초에 과학기술 문명을 철저하게 받아들이려고 노력했고, 그다음에 제도 개혁을 철저히 하려고 했다. 그러다가 결국 가장 근본적인 것, 즉 사상과 문화와 철학에 꽂힌 것이다. 상황이 이렇다 보니 중국인들은 "서양과 같은 사상, 서양과 같은 윤리, 서양과 같은 철학을 갖지 못했으니 그것들을 갖기 위해서는 우리가 가지고 있던 동양 문화 자체에 대한 전면적인 부정에 들어가야 한다"는 주장을 하게 되었다.

물론 이런 조류가 당시 중국을 지배하던 유일한 흐름이나 방향은 아니다. 이와 반대되는 혹은 절충적인 흐름도 있었다. 그러나 다른 여러 관점들이 있었다 해도, 중국 문화를 전면적으로 부정하려는 움직임은 매우 특별한 시각이었고, 결국 중국 역사의 흐름을 주도했다는 점에서 매우 주의 깊게 살펴봐야 한다.

내 것에 대한 전면적인 부정은 내게 필요한 것을 받아들이기 위한 효율적이고 핵심적인 방법이다. 서양의 월등한 과학기술 문명의 출처가 어디인지 파고들었더니 그것은 그들의 월등한 정치제도에서 왔고, 그들의 월등한 정치제도는 또한 그들의 월등한 사상, 문화, 철학에서 왔다고 하니, '구국구망'하기 위해서는 서양의 궁극적 지점인 그들의 사상, 문화, 철학을 철저하게 배우지 않으면 안 되었다.

이제 중국인들은 서양의 사상, 문화, 철학을 철저하게 배워야만 서양을 이길 수 있고 중국 민족을 구할 수 있으니, 지금까지 비효율을 발생시켰던 원천을 전면적으로 부정해야 한다고 생각했다. 이런 결정들은 그들의 역사적인 노력 속에서 이루어진 결과였고, 결국 이런 결정에 의해 5·4운동 때 마르크스-레닌주의가 채택되었다.

사실상 마르크스-레닌주의를 채택했다기보다는 서양의 최첨단 철학 가운데 하나를 채택한 것으로 봐야 하겠다. 중국인들은 마르크스-레닌주의를 과거를 전면적으로 부정하고 받아들일 만한 첨단 철학일 뿐 아니라, 혁명을 완수하는 역량이라는 면에서도 매우 유효하다고 판단했다.

미국은 '전략적 차원'에서 잘 형성된 나라

그런데 여기서 잠깐 옆길로 새는 이야기를 해본다면, 미국이라는 자본주의의 첨단 국가, 세계 최강대국은 어떤 철학적 기반을 가지고 있겠는가?

미국은 인류 최초의 실험 국가다. 그 이전의 국가들은 모두 귀족 계층Royal Family이 주도권을 잡고 있었다. 단순하게 말하면 귀족들이 지배하는 영토 속에서 평민들이 삶을 꾸리는 형식이다. 그런데 미국은 최초로 평민들끼리 힘을 합쳐 만든 나라다. 영국으로부터 건너온 일군의 평범한 사람들이 미국이라는 신대륙에 뿌리를 내릴 때는 기존의 신분은 별로 큰 의미가 없었다. 당시 미국에는 평민들만 있었다. 평민들끼리 모여 완전히 새로운 형태의 나라를 만든다는 자각 속에서 미국이라는 나라를 세웠다.

이런 높이에서 하는 결정이나 선택이 바로 철학적인 시선이다. 자기가 처한 조건 속에서 일상의 잡다함이나 자질구레함 속에 빠지지 않고, 자신의 일상을 지배할 더 높은 단계에서의 결정을 감행할 수 있는 것이 바로 철학적 시선이다. 이렇게 해서 미국은 그 이전과 전혀 다른 미국식의 산업 생산 구조를 갖게 된다.

초기에 미국인의 삶을 지배하는 상위의 관념, 즉 철학은 주로 독일 관념론이었다. 미국은 비록 유럽으로부터 벗어난 독립국가였지만, 철학과 문화는 여전히 유럽의 영향권하에 있었다. 이때의 미국을 유럽의 변방국이라 해도 큰 흠이 되지 않는다. 그러나 미국은 독립 후 산업이 점점 발전하면서, 기존 관념으로는 새로 형성되는 미국식 사회 구조를 지탱할 수 없었다. 철학과 사회 경제적 구조가 점점 안 맞아가는 형국이 지속되었던 것이다. 이것을 흔히 모순이라고 말한다.

어느 순간 미국인들은 독일 관념론적 시각으로는 미국식 자본주의를 계속 유지할 수 없다는 것을 자각한다. 이 와중에 터진 것이 남북전쟁南北戰爭, American Civil War*이다. 이 남북전쟁을 기화로 새롭게 전개되는 미국식 산업 구조와 자본주의를 지배할 새로운 철

* 1861년부터 1865년까지 미합중국의 북부와 남부가 벌인 내전. 내전 이후 미합중국은 자유와 평등을 위해 국가적 단결을 한층 굳혔다.

학으로의 이행이 시도되는데, 그 결과 '실용주의實用主義, Pragmatism'가 탄생한다. 즉 남북전쟁 이후 미국인들은 새로 전개되는 사회경제적 조건에 맞는 상위의 문화나 이데올로기를 만들기 위해 노력하였는데, 그 결과로 실용주의가 형성된 것이다.

실용주의는 추상적이거나 궁극적 관념이 갖는 권위를 반대한다. 단순하게 말한다면, 독일 관념론이 보장하는 지배력을 부정한다. 실용주의 철학과 함께 미국은 비로소 미국적 독립을 완성했다. 이렇게 하여 미국은 미국식의 민주주의에 사상적 기초를 확보했고, 이로써 추상적 관념보다는 능률을 중시하는 미국식의 기풍을 형성한다.

보통 어느 하나의 철학적 내용에 몰두해서 그것이 철학이냐 아니냐 하는 논쟁에 빠지기 쉬운데, 우리에게 그보다 중요한 것은 철학적 차원의 시선이다. 그리고 철학적 차원의 시선에서 철학적으로 자각해서 자신의 운명을 끌고 나가는 것, 이것이 바로 철학이자 철학적 삶이다. 이런 의미에서 보자면 미국은 철학적인 차원에서, 다른 말로 하면 전략적인 차원에서 상당히 잘 형성된 나라라고 말할 수 있다. 지금 미국의 강한 국력이 이를 증명한다. 물론 이 강대함이 영원하리라는 보장은 없지만 말이다.

반면 그렇지 못하고 종속적인 움직임을 보이는 나라, 전략적인 움직임을 보이지 못하고 전술적인 움직임만 보이는 나라들은 강대한 나라를 만들지 못한다. 이런 나라들은 당연히 철학적인 차원에서 움직인다고 말할 수 없다.

대한민국은 현재 어떤 차원에서 움직이는가? 우리가 지금 어디에 있는가를 알아보기 위해서는 지금 우리 사회를 지배하고 있는 가장 선명한 논의가 무엇인가를 보면 된다. 지금 우리 사회에서 선명한 논의를 주도하는 사람들은 아무래도 정치인들이나 정치 주변인들이다. 문화나 사상적 차원에 있는 사람들이 논의에 참여하는 일은 거의 없다. 논의를 한다 하더라도 정치의 흡인력에 빨려 들어가서 아주 쉽게 또 하나의 정치꾼으로 전락하고 만다. 그런데 정치인들이나 정치 주변인들이 몰두해서 하는 논의들이란 것이 다 무엇인가? 제도 문제, 정치 문제다. 그 제도 문제와 정치 문제를 두고 각각 한쪽 입장에 서서 대립과 투쟁과 갈등을 몇 십 년째 반복하고 있는 것이 우리의 현실이다. 문화나 철학적 차원의 사유로는 상승하지 못하고 있다.

그 어떤 합의도 이루어내지 못하고, 새로운 길을 열지 못한 채 지난한 정치 논쟁과 제도 논쟁에 빠져 있는 것을 보면 문득 이런 생각이 든다. 지금 우리의 상태가 혹시 중국의 역사 발전 단계에 비유했을 때 19세기 말에 시작된 변법자강운동 20여 년 기간의 상황을 겪고 있는 것은 아닌가. 이 말을 듣는 것 자체가 상당히 기분 나쁠 수 있지만 논의의 수준이나 국가 관리의 차원만을 놓고 본다면 그 누구도 선뜻 부정하기는 어려울 듯하다.

우리가 가지고 있는 제도의 비효율성에 대한 적확한 논의가 이루어지고 난 후라면 우리도 지금쯤은 문화 논쟁, 철학 논쟁으로 옮겨가 있어야 하지 않는가, 문화적이고 철학적인 시선의 높이로가 있어야 하지 않는가 하는 것이 내 생각이다. 여전히 제도 논쟁이나 정치 논쟁에 빠져 있는 우리의 현실은 아직 '수준 높은 인식'과는 거리가 있다.

철학적이고 문화적인 높이에서 국가의 진로가 결정되어야만 진정으로 독립적인 삶이 보장된다. 그 독립적 결정에서라야 지속적인 풍요와 번영이 보장된다. 독립적이지 못한 곳에서 형성된 종속적 풍요와 번영은 항상 흔들리기 마련이다. 주도권을 잡을 수 없기 때문이다.

전면적인 부정, 그것이 곧 새로운 탄생

역사적 격변 속에서 자신들의 입장을 철저히 자각한 중국인들은 오랜 모색 끝에 결국 '철학'이라는 높이를 따라간다. 그들은 왜 철학으로 나아간 것일까? 이제부터는 철학적인 높이의 시선이 '도대체, 왜, 무엇 때문에 그토록 중요한가' 하는 점을 살펴보겠다.

나는 35년여 동안 철학을 공부했다. 이는 얼치기 학부생 시절까지 포함한 시간이다. 그런데 이렇게 긴 시간 철학을 공부하는 동안 한국에서는 한번도 들어보지 못한 말을 중국의 어느 도사道士한테 들은 적이 있다. 사실 내 전공이 도교道教인지라 가끔 도사들을 만나곤 한다. 도사라고 하면 구름 타고 다니는 사람을 떠올리기 쉬운데, 도교라는 종교의 교회를 도관道觀이라 하고, 도관에서 활동하는 성직자를 도사라고 한다. 다른 말로 진인眞人이라고도 한다.

개신교의 목사나 천주교의 신부와 같은 격이다. 여성이면 도사라고 하지 않고 여관女冠이나 여진女眞이라고 한다.

당시에 만난 도사는 시골에서 수양만 하던 촌 도사였는데, 전공이 무엇이냐는 그의 물음에 내가 철학이라고 대답하자 그는 대뜸 이렇게 말했다.

철학이 국가 발전의 기초다.

반면 한국에서는 전공이 철학이라고 밝히면 “내 관상이 어떻느냐?” “사주 좀 봐줄 수 있느냐?” “이름 좀 지어달라”는 식의 이야기가 훨씬 많았다. 물론 좀 우스개를 섞어서 한 말이다. 그렇더라도 철학을 국가 발전의 기초라고 하는 말은 들어본 적이 없다. 아직까지 한번도 철학과 국가 발전을 연결시킨 언사를 들어본 적이 없다.

오히려 국가 발전과 거리를 두어야 진짜 철학으로 봐주는 분위기다. 그런데 주의를 기울여서 돌이켜보니, 미국이나 중국에서는 철학과 국가 발전을 연결시킨 언사를 한두 번 들었던 기억이 있다. 이런 얘기를 할 수 있는 것은 철학과 국가 발전을 연결된 것으로 보기 때문이다.

지금 이 단계에서 철학을 쉽게 얘기해본다면, 아마 ‘전략적인 높이에서 하는 사고’ 정도가 될 것이다. 전략적 단계는 전술적 단계를 지배한다. 전술적인 단계보다는 전략적인 단계가 더 높다. 높을 뿐만 아니라 더 종합적이고 근본적이며 독립적이고 주도적이다. 전략적인 사고란 이미 짜진 판 안에서 사는 전술적인 사고와 달리, 아예 판 자체를 새로 짜는 일이다. 판 자체에 대해서 생각하거나 판을 새로 짜는 일에 대한 사고가 바로 전략적이다. 전략적으로 형성된 판 안에서 다른 여러 가지 종속적인 변수들을 다루면서 하는 행동들을 전술적이라고 한다.

전쟁을 일으킬 것이냐 말 것이냐, 전쟁을 일으켜서 국제 질서나 주변국과의 관계를 어떻게 새로운 구도로 끌고 갈 것이냐를 생각한다면 전략적인 사고일 테고, 전쟁이 벌어진 상황 안에서 상대방에 어떻게 대응하며 어떻게 공격할 것이냐, 어떻게 방어할 것이냐 혹은 병력을 어떻게 전개시킬 것이냐 하는 것들을 생각한다면 이는 전술적이다. 그래서 항상 전술은 전략의 제약 속에있다.

전술이 전략보다 높거나 넓을 수는 없다. 전술가가 전략가를 이길 수는 없다. 대개의 전술가들은 전략가들이 펼쳐놓은 판 위에서 놀 뿐이다. 전술적인 차원에만 머물러 있으면 자신이 전략가의 손바닥 안에서 놀고 있을 뿐이라는 사실조차도 알아채기 힘들다.

지금 한국 사회에는 인문학 열풍이 불고 있다. 왜 지금 인문학인가? 바로 전술적 차원에서의 삶을 끝까지 가본 다음에 전략적 차원으로 상승하려는 필요와 욕구가 생겼기 때문이다. 인문학을 전략적 차원과 연결하는 것은 아마 철학을 국가 발전과 연결시키는 것만큼이나 황당하게 들릴 수도 있다. 그러나 철학이나 인문학을 주도적으로 태동시킨 나라의 사람들에게는 이런 비유가 필요 없다. 왜냐하면 그런 나라에서는 설명할 필요도 없이 이를 당연한 것으로 여기기 때문이다.

우리는 이런 인문학 열풍의 의미를 아직은 의식적으로 노력해야만 이해할 수 있다. 이런 단계로 이해하지 못하면, 인문학을 그저 인문학적 지식을 습득하는 일로 치부해버리거나 향유나 소비의 대상으로 간주하다가 세월을 헛되이 보내버리는 우를 범할 수 있다.

전략적 차원에서 삶을 영위한 사람들은 그것 자체가 생활의 터전이고 일상이지만, 전술적 차원에서 살던 사람들에게는 전술적 차원만이 자연스럽고 당연하다. 그래서 전술적 차원의 삶을 살아온 사람들은 전략적 차원으로의 상승을 하나의 '과업'으로 정해서 노력하는 수밖에 없다. 그들에게는 일상이 아닐 뿐더러 당연한 일도 아니기 때문이다. 철학이나 인문적인 높이로 상승하는 일 또한 이와 같다.

『인간이 그리는 무늬』[3]라는 책에서 밝혔듯이 '인문人文'이란 인간이 그리는 무늬, 즉 인간의 동선이다. 인간의 활동을 가장 높은 차원에서 개괄해 이해한다. 인간이 구축한 문명이란 모두 이 인간의 동선이 구체적으로 표현된 것이다. 인간의 동선을 파악한 후, 그 높이에서 행위를 결정하면 전략적이다. 그 차원에서라야 비로소 상상이니 창의니 하는 일들이 벌어진다. 상상이니 창의니 하는 일들은 인간이 그리는 무늬 즉 인간의 동선의 높이에서 튀어나오는 것일 뿐, 그 아래 단계에서는 실현되지 못한다.

창의적인 결과들이 나오는 나라와 그렇지 못하는 나라를 자세히 들여다보라. 창의적인 결과가 나오는 나라는 끊임없이 창의적으로 발전해가지만, 창의적인 결과를 내지 못하는 나라는 계속 내지 못한다.

앞으로 삼성이 애플을 넘어서주기를 간절히 바라지만, 지금 상태로만 얘기한다면, 삼성이 아무리 수익을 많이 내더라도 애플 앞에만 서면 작아질 수밖에 없다. 수준 차이 때문이다. 그것은 창의적인 회사와 따라하는 회사의 차이이다. 그렇다고 삼성이 창의성에 관심이 없고 따라하는 것에만 관심이 있어서 그럴까? 그렇지 않다. 창의적이고 싶어도 창의적이지 못하는 것이다. 삼성은 이 넘기 어려운 벽을 넘어야 하는 것을 숙명으로 혹은 과업으로 가질 수밖에 없다.

이 숙명의 벽을 넘으려면 시선의 높이를 상승시키는 길밖에 없다. 창의니 상상이니 윤리니 하는 일들이 벌어지는 높이로 올라서는 수밖에 없다. 바로 그 높이가 전략적인 높이다. 철학적인 높이, 인문적인 높이, 예술적인 높이, 문화적인 높이 등등으로 말할 수도 있다. 이 높이로 올라서야만 선도력을 가질 수 있다.

철학적인 단계로 진입하지 못한 단계, 즉 창의성과 상상력이 발휘되지 않는 단계에서는 무엇을 하는가? 이미 나와 있는 것들을 습득해 따라한다. 그렇다면 철학적인 높이로 상승한 단계의 사람들은 어떠할까? 바로 전면적인 부정을 이야기한다. 전면적인 부정이 새로운 생성을 기약한다. 새로운 생성은 전략적인 높이에서 자기만의 시선으로 세계를 보고 자신이 직접 그 길을 여는 일이다.

스스로 자신이 나아갈 길을 결정하지 못하는 한 종속적인 삶을 살 수밖에 없다. 그리고 종속적인 삶을 사는 한 자신이 주도권을 잡고 스스로의 삶을 꾸리거나 효과적으로 사회를 관리하지 못한다.

희망의 근거로서의 '지금 이 시대'

지금 우리가 철학을 이야기해야만 하는 이유는 동아시아 역사에서도 보았듯이 서양에 의한 패배로부터 우리가 어떻게 동아시아적인 승리, 동아시아적인 가치를 회복할 것인가 하는 것과 밀접한 연관이 있다. 이렇게 말하는 것을 두고 폭력주의자 혹은 패권주의자로 오해하지 않기를 바란다. 그리고 동아시아적인 가치만을 말하는 국수주의자로도 오해하지 않기를 바란다. 다만 나는 우리의 조건과 우리의 토양에 맞는 독립적인 길을 말하고 있을 뿐이다.

큰 틀에서 볼 때, 지금 우리가 살고 있는 사회의 구조는 산업혁명 시기에 형성된 그것이 연장된 것이다. 산업혁명 시기에 생산관계가 그 이전과 달라지면서 완전히 새로운 사회 형태를 구성하는데 그때 형성된 사회 구조가 근본적인 변화 없이 지금까지 이어져왔다. 1760년에 시작된 산업혁명은 이미 1820년이면 안정적으로 구조화된다. 그리고 좀 더 연장되어 1840년에 끝난다. 그래서 세계사를 연구하는 학자들은 1820년 즈음을 대분기大分岐, Great

Divergence라고 한다.

이에 관해 주경철 교수는 다음과 같이 말한다.

> 첫 번째 이야기할 수 있는 것은 현재 부유한 국가들은 모두 1820년경에 이미 부유한 국가들이었다는 사실이다. 달리 표현하면 대체로 19세기 초에 선두그룹에 들어간 나라들은 그 이후 계속 성장가도를 달렸고, 그때 뒤처진 나라들은 계속 후진 상태에 머물렀다. 이렇게 국가 간 경제력 순위가 유지되는 동시에 빈부 격차가 엄청나게 벌어졌다는 것이 주목할 만한 사실이다.
>
> 1820년에 영국과 네덜란드를 비롯한 서유럽 선진국들의 1인당 GDP는 1990년 달러 기준으로 1700~1850달러였던 데 비해 다른 대륙은 대개 500~700달러 사이이고, 아프리카는 415달러로 최하 수준이었다. 오늘날 부국들의 1인당 GDP는 2만 5000~3만 달러 사이이고, 아시아와 라틴아메리카 대부분은 5000~1만 달러 사이이며, 사하라 이남 아프리카는 평균 1387달러이다. 두 시점 사이를 비교해보면 영국과 서유럽 국가들은 17~25배, 아시아 대부분의 국가들은 10배, 사하라 이남 아프리카는 3~6배 성장했다. 학자들은 1820년경에 세계사적인 대분기가 일어났다고 말한다. 이 시기부터 부국과 빈국 사이의 격차가 본격적으로 벌어진 것이다.
>
> 이와 같은 세계사적인 흐름에서 벗어난 예외적인 나라들로는 일본, 한국과 대만, 그리고 그보다는 덜 뚜렷하지만 러시아(소련)를 들 수 있다. 일본만 해도 1820년에 세계 평균으로는 빈국이었지만

> 20세기에 최대 부국 집단에 합류했다. 한국은 1820년부터 현재까지 1인당 GDP가 무려 35배 성장하는 놀라운 기록을 세웠다. 최근 경제사학계에서 한국을 주목하는 이유이다. 빈곤의 굴레를 벗어던지고 선진국으로 향하는 한국의 사례는 세계의 많은 빈국들에게 희망을 안겨주기에 충분할 것이다. 아마 현재가 또 다른 분기점이 아닐까 싶다. 과연 우리는 지금까지 그랬던 것처럼 계속 '기적'을 만들어갈 수 있을까? 우리의 문제이자 동시에 세계적인 관심사가 아닐 수 없다.[4]

산업혁명으로 생산 구조가 달라지자 사회 구조도 변화했다. 이 대분기 때 형성된 국제사회의 지배 구조는 지금까지 크게 달라진 것이 없다. 물론 일본이 조금 예외로 간주되기도 하지만, 내가 생각할 때 산업혁명 시기 직후부터 일본의 경제는 이미 독자적으로 매우 좋았다. 외국과의 교류가 경제의 중심을 차지하지 않았던 에도 시대에도 경제는 매우 발전했다. 이 부분은 좀 더 논의할 필요가 있다. 복잡한 논의는 뒤로 미루고, 우선 최대한 단순화시켜 얘기해보겠다.

아무튼 그때 선진국의 자리를 차지한 나라는 지금까지 선진국이고, 후진국이었던 나라는 지금까지 후진국(중진국)이다. 왜 그런가? 선진국은 선진국을 유지할 시선의 높이에서 운영되고, 후진국(중진국)은 후진국(중진국)적 시선의 높이에서 운영되기 때문이다. 시선의 높이가 생각의 높이고, 생각의 높이가 삶의 높이며,

삶의 높이가 바로 사회나 국가의 높이다. 그렇기 때문에 후진국이 선진국으로 올라서기가 그렇게 어렵다. 이미 익숙해져 있는 기존의 시선을 교체하는 것이 그만큼 어려운 일이다.

대분기 이후에 후진국이 선진국으로 상승한 예는 거의 없을 것이다. 역전이라는 것은 쉽게 일어나지 않는다. 문제는 지금부터다. 우리는 이제 어떻게 해야 할까? 대한민국은 선진국이 될 수 있는가, 없는가?

산업혁명 이후의 역사를 근거로 말한다면, 대한민국이 선진국으로 올라선다는 것은 불가능에 가깝다. 물론 역사란 어떻게 전개될지 아무도 모르기 때문에 단정할 수는 없다.

하지만 역사적 사실을 근거로 볼 때 그것은 쉽지 않은 일이다. 우리의 시선이 그 정도 높이로 아직 준비되어 있지 않다. 물론 우리가 정신을 제대로 차린다는 가정하에서 그 가능성이 커지고 있다는 사실만큼은 분명한다. 만일 산업혁명으로 형성된 사회 경제적 구조가 계속 유지된다면, 우리가 선진국으로 진입하는 일은 매우 어려울 테지만, 상황이 바뀌고 있다.

산업혁명 이후 유지되던 사회 구조가 지금 흔들리고, 완전히 새로운 사회로 이동하고 있다. 생산 방식이나 유통 방식 등 모든 분야가 전혀 달라지고 있는 것이다. 이로써 계급이 달라질 것이고, 그에 따라 정치적 요구도 달라질 것이며, 결국 정치 구조도 변할 것이다. 흔히 이야기하는 지식 정보사회 혹은 디지털 사회로의 이동이다.

이런 변화를 이제야 호들갑스럽게 이야기할 필요는 없다. 새로운 구조로의 이동은 이미 상당 부분 진행되어 깊이를 더해가고 있다. 이것이 우리에게는 희망적인 사실이다. 이전과는 전혀 다른 방식으로 세계가 흔들릴 때 우리가 우리만의 주도권을 구성할 수 있는 틈새가 생길 것이기 때문이다.

하지만 이런 틈새를 놓치고 우리가 주도권을 형성하는 데 실패한다면 우리는 또 몇 백 년을 더 종속적으로 살 수밖에 없다. 이것은 단순히 우리가 경제적으로 더 부강한 나라가 된다는 의미가 아니다. 우리의 삶을 좀 더 독립적이고 자유롭게 형성하는 일을 말한다.

철학은 전략 부재의 삶을 파기하는 것

혹시 어떤 사람들은 현재 우리가 주도적으로 살고 있다고 생각할지 모르겠다. 또한 우리가 이미 자유롭고 독립적이라고 생각할지도 모르겠다. 제한적인 의미에서는 그럴 수도 있다. 상대적으로 보면 자유롭고 독립적으로 살고 있기도 하다. 하지만 냉정하게 본다면, 우리 사회는 아직 종속적인 단계를 벗어나지 못했다.

우리를 비독립적이라고 말할 때, 제3세계 종속이론 등을 염두에 둔 것은 아니다. 여러 방면에서 이야기할 수 있지만, 우리가 살아왔거나 살고 있는 삶의 대부분이 '따라하기'라는 것만으로도 그 종속성을 말할 수 있다. 결국 생각의 차원에서 종속적이었다. 철학적으로 종속적이라는 것이다. 지금 나는 인정할 수밖에 없는 이 불편함을 극복하자고 주장하고 있다.

그렇다면 아직은 종속적인 이 단계에 계속 머물러 있을 것인가, 아니면 좀 더 독립적이고 자유로운 삶을 사는 단계로 넘어서려는 시도를 한번 해볼 것인가, 이것이 지금 우리 앞에 놓인 가장 핵심적인 사명이다. 이 심각한 사명을 우리가 완수하지 못한다면, 다른 말로 삶을 철학적 차원으로 상승시키지 못한다면 우리는 이 이상의 독립, 이 이상의 자유, 이 이상의 성장은 누릴 수 없다.

예컨대 지금 일본의 아베 신조安倍晋三 총리의 국가관이나 그의 정치적 행위는, 우리 입장에서 보았을 때, 그야말로 지나친 것으로 보인다. 과거사에 대한 그의 입장이나 태도로 보면 도덕적 인식이 전혀 없는 사람처럼 보인다. 한마디로 그는 '정신없는' 사람이라는 평가까지 받는다.

그런데 그가 정말 정신없는 사람이기만 할까? 실제로 동아시아 정세의 향배가 그 정신없고 비도덕적인 사람에 의해 좌우되기가 쉽겠는가, 아니면 그 '정신없음'을 비난하는 우리에 의해서 좌우되기가 더 쉽겠는가?

주도권이라는 측면에서 보자면, 우리보다는 일본이 그것을 더 강하게 가지고 있는 것이 현실이다. 이런 현실을 알고 있음에도 불구하고 우리는 지금 무엇을 하고 있는가? 무엇을 어떻게 준비하고 있는가? 지금 우리의 대응은 전략적인 높이에서 이루어지지 않고, 아베의 움직임에 도덕적인 가치 판단만 하고 있다는 인상이다.

물론 이런 대응이 전혀 필요 없는 것은 아니다. 지금 우리의 대응은 그저 피상적이거나 대증적이거나 전술적인 대응일 뿐이라는 것이다.

나에게 조선의 역사에서 가장 큰 철학자 한 명을 꼽으라고 한다면 다산 정약용을 들겠다. 다산은 학술적인 업적은 말할 것도 없고, 관념적이고 훈고적인 조선의 사상을 실재적이고 독립적인 것으로 전환시키려고 매우 큰 노력을 하신 분이다. 그런데 이렇게 위대한 학자도 일본에 대한 판단에서는 실수를 한다. 다산은 당시 세계정세나 일본의 발전에 대해서 제대로 인식하였다. 심지어는 일본이 우리보다 학문 수준이 높아진 것을 보고 심한 자책에 빠지기도 한다.

그의 저서 『여유당전서』 안에 들어 있는 「일본론」이라는 글의 일부를 보겠다.

> 일본이라는 나라는 원래 백제에서 책을 얻어다 보았는데 처음에는 매우 몽매했다. 그 후 중국의 절강 지방과 직접 교역을 트면서 좋은 책을 모조리 구입해갔다. 책도 책이려니와 과거를 통해 관리를 뽑는 누습이 없어 지금 와서는 그 학문이 우리나라를 능가하게 되었으니 부끄럽기 짝이 없다.[5]

다산은 전체적인 상황을 냉철하고 객관적으로 인식하였음에도 불구하고, 판단은 매우 피상적이다. 결국 그는 "지금의 일본은 걱정할 필요가 없다"고 말한다. 일본이 학문적으로 발전해 도덕적 성품이 높아졌기 때문에 다른 나라를 침략하는 등의 나쁜 습관이 사라질 것이라는 것이다.

그렇게 방대한 저술을 남기고, 폭넓은 사유를 하였으며, 게다가 실사구시實事求是를 지향하던 대철학자가 어떻게 이렇게 안이한 판단을 할 수 있었는지 의아할 따름이다. 복잡한 세계를 단순한 근거로 재단한 순진한 낙관론이 아닐 수 없다. 심리적 기대나 특정한 이념에 대한 믿음이 강하면 강할수록 이런 순진함과 피상성은 피할 수 없다. 사실 지금 우리도 아직 이 정도에 갇혀 있는 것이 아닌가 걱정된다.

다산이 이런 피상적인 인식을 남기고 사망한 후, 겨우 70여 년 만에 일본은 조선을 강제로 합병한다. 어떻게 다산 정도의 학자가 이렇게 피상적인 판단을 할 수 있었을까 이해하기 어려울 정도다.

다산을 무조건적으로 숭배하는 분들에게는 죄송하지만, 다산은 종합적이고 전략적인 판단을 하는 데에는 미숙하였다. 아무리 실학적인 사유를 펼쳤다고 하지만, 그는 유학적 도덕주의로 세계를 해석해버리는 피상성을 완전히 벗어나지는 못했다. 하나의 관점으로만 세계를 해석해버리는 단순함 말이다. 조선을 비판하는 일이나 조선의 앞길에 대해 선견지명을 발휘하는 일에는 능력을 보였지만, 넓은 틀 속에서 당시 세계의 전략적 움직임까지는 판단할 능력이 안 됐던 것 같다. 아직까지도 우리는 다산식의 이런 한계를 넘어서고 있지 못하다.

19세기 이후는 이미 제국주의 열강들이 약소국들을 침략해 식민지를 넓히는 것이 유행이었다. 그때 다산은 그런 흐름을 정확히 인식하지 못한 채, '전쟁'이나 '침략'에 대해서도 단순하게 도덕적인 평가만 하고 있었던 것이다. 학술 문화의 수준이 높아지면 문화적 교양이 높아지고, 문화적 교양이 높아지면 도덕적인 수준도 덩달아 올라가서 악을 행하지 않게 된다는 것이 그의 단순한 논리였다. 문화적으로 학술적으로 성숙하면 전쟁이나 침략과 같은 악은 행하지 않게 된다고 다산은 확신했다. 그런데 '전쟁'과 '침략'이 좋고 나쁨의 문제에 해당하는 것이겠는가? 이것은 단순히 도덕적인 선악의 문제가 아니라 새로운 판이 짜여질 때 나타날 수밖에 없는 뒤틀림 현상이다. 세계가 새로운 판으로 재조정되는 과정이다.

사실 이 문제는 여기서 이렇게 단순하게 처리할 문제는 아니다. 훨씬 복잡하고 중요한 문제이기 때문에 더 전문적인 접근을 해야 할 것이다. 문제는 전쟁이나 침략이 도덕적인 선악의 차원에 있는 것인지의 여부가 아니라 훨씬 더 중요하게는 누가 주도권을 가지고 그것들의 발생이나 억제를 자기 통제하에 둘 수 있느냐 하는 점이다.

자기 운명의 통제권을 자기가 가지지 못하면 종속적이고, 가지면 독립적이다. 통제의 결과가 성공적일 수도 있고, 그렇지 않을 수도 있을 것이다. 하지만 실패와 성공의 판 자체를 자기가 주도했느냐 상대가 주도했느냐 하는 점은 매우 중요하다.

아베의 행동을 보고도 "그는 나쁘다" 그리고 "그의 시도는 역사적 반성을 결여하고 있을 뿐만 아니라 진실하지 않기 때문에 성공할 수 없다" "진실은 결국 승리한다"와 같이 다분히 감정적이거나 도덕적인 판단 아래에서 분노를 표출하는 것으로는 분명히 한계가 있다. 침략을 당했던 일이나 지배를 당했던 일에 대해 이런 식으로 반응하는 것에 익숙해지고, 또 큰 목소리로 이런 식의 반응만 해놓고는 할 일을 다한 것으로 생각한다면, 이는 매우 비굴한 대응일 뿐이다.

비굴한 대응이 습관화되면, 역사의 승리자가 될 수 없다. 오히려 패배자로 남기 십상이다. 혹시 우리는 이런 대응 방식을 아직 넘어서지 못한 것은 아닐까? 여전히 전술적인 높이를 넘어서지 못한 것은 아닐까?

아베의 움직임을 보다 객관적으로 판단해야 한다. 아베의 말과 행동을 통해 일본이 나아가려고 하는 방향을 판단하고 그 판단 아래에서 우리의 대응 방안을 고민하는 것, 동아시아나 세계정세 속에서 아베 행위의 위치를 점검하고 대응하는 것, 이것들이 중요하다. 아베의 비정상적인 움직임을 욕하고 성토하는 것 말고, 우리는 그동안 무엇을 했는가? 이제는 더 높은 차원의 전략적인 판단과 실질적인 대응을 하는 일이 필요하다. 중국에 대해서도 마찬가지다.

우리는 현재 우리가 당했던 치욕 자체를 치욕으로 응시하고 전략적인 차원에서 대응하는 일을 제대로 해오지 못했다. 저주하고 한을 품는 일만으로는 부족하다. 더 이상 치욕을 당하지 않을 구체적인 방안을 실행하지 않으면 안 된다. 전면적인 반성이 필요한 시점이다.

력 — 문화, 사상, 철학의 힘

力

철학적인 활동은 '자기파괴' 없이는 불가능하다.
그것은 현재의 것을 무조건 거부하는 것이 아니라
현재의 것을 제대로 응시할 수 있는 높이를 갖는 것.
'파괴'는 그 높이에서라야 비로소 이루어질 수 있다.

철학적이라는 것은 철학적인 높이의 시선을 갖는 일

철학적인 시선을 갖는다는 말의 의미를 짚어보자. 철학적 시선이라는 것, 그것은 도대체 무엇인가? 그것은 인간이 지성적인 차원에서 발휘할 수 있는 가장 높은 시선이다.

하나의 지식이 있다고 했을 때, 어떤 사람은 그 지식을 소유해서 재사용하거나 거기에 몰두하고 빠져든다. 그런데 어떤 사람은 그 지식을 소유하거나 효용성을 따지는 대신 그 지식 자체의 맥락과 의미를 따지고, 그것이 세계 안에서 벌이는 작동과 활동성을 보려고 한다. 철학적인 입장에서 보면 둘 중 후자가 더 철학적 시선에 가깝다.

컴퓨터가 발명되자 어떤 사람은 그 컴퓨터를 사용하고 소유하는 일에 빠지지만, 어떤 사람은 컴퓨터의 사용보다도 그 컴퓨터로 인해 전개될 새로운 변화의 맥락이나 달라질 사회의 흐름에 더 큰 관심을 갖는다. 역시 후자가 더 철학적 시선에 가깝다.

보통 우리는 무엇을 하고 살 것인지에 몰두해 깊은 고민에 빠져

들기도 한다. 연구를 하는 연구인으로 살 것인지, 군인으로 살 것인지, 사업가로 살 것인지 등등 말이다. 그런데 이런저런 구체적인 일을 중심으로 고민하다가 어느 순간에는 갑자기 "그런데 말이야… 산다는 것이 도대체 뭐지?"라고 하면서 생각을 다른 차원으로 끌고 가버리는 질문을 한다.

이런 질문이 제기되고 나면, 이제 연구인이나 군인이나 사업가로서의 좁은 범위를 벗어나 삶 자체의 의미를 실현하는 일로 상승한다. 이렇게 되면 사유의 시선이 이전보다 훨씬 높아지는데, 바로 철학적인 높이를 향하는 것이다.

언어의 문제에서도 마찬가지다. 우리는 언어를 사용한다. 보통은 언어의 다양한 사용에 대해서 이야기한다. 그러다가 어느 순간에 도대체 언어라는 것이 인간에게 무엇인가라는 질문을 한다. 언어 현상 자체를 근거로 인간을 이해하고 해석하는 단계로 상승한다. 철학적인 높이로 시선이 상승하는 것이다. 언어의 구체적인 사용이나 삶의 다양한 형태들을 훌쩍 뛰어넘어 삶이나 언어 자체를 들여다보는 높이로 시선이 상승하는 것을 우리는 철학적이라고 말한다.

이것은 철학이 벌어지는 활동 공간 안에서도 비슷하게 이야기할 수 있다. 즉 데카르트나 칸트를 공부한다고 할 때, 우선 그들이 남긴 철학적인 이론 체계를 숙지한다. 그러나 이렇게 하는 것이 철학적으로 데카르트나 칸트를 공부하는 것은 아니다.

그들이 남긴 철학적인 내용을 숙지하는 것은 철학적인 활동이 아직 아니다. 철학을 한다는 것은 앞선 철학자들이 남긴 내용, 즉 사유의 결과들을 숙지하는 것이 아니다. 그리고 숙지한 내용들을 계속 퍼뜨리고, 또 그들이 남긴 철학적인 내용 그대로 따라 사는 것도 아니다.

그들이 사용했던 시선의 높이에 동참하는 능력을 배양해서 독립적으로 사유하고 행위할 수 있느냐가 관건이다. 다시 말하면 철학이란 철학자들이 남긴 내용을 숙지하는 것이 아니라 자기가 자기 삶의 격을 철학적인 시선의 높이에서 결정하고 행위하는 것, 그 실천적 영역을 의미한다.

문제를 철학적으로 해결하는 것이 철학이지, 철학적으로 해결된 문제의 결과들을 답습하는 것이 철학이 아니라는 말이다. 이것은 특히 철학 수입국인 우리나라에서는 경각심을 가지고 숙고해야 할 내용이다.

철학은 철학의 결과물을 습득하는 것이 아니라 어떤 철학자가 그 결과물을 생산할 때 사용했던 시선의 높이에 동참해보는 일이다. 학생 한 명이 좋은 책을 추천해달라고 해서 『장자』를 추천해준 적이 있다. 그 학생이 두어 달 후에 찾아와 좋은 책을 추천해줘서 감사하다는 말을 했다. 감사 인사와 함께 한마디를 더 했다.

"『장자』를 읽고 감명을 받았습니다. 그래서 저도 장자처럼 살아보려고 합니다."

그 학생은 평소에도 진중하고 더 근본적인 차원에서 철학에 접근하려는 태도를 보이던 학생이었다. 이런 성실성과 진중함을 가지고 있기 때문에 책을 감명 깊게 읽고 나서도 한 걸음 더 나아가 그 책을 쓴 저자를 닮은 삶을 살아보겠다고 하지 않았겠는가? 그 학생이 더 발전하기를 기대하면서 나는 한마디 해주었다.

"『장자』를 감명 깊게 읽었다니 다행이네. 그런데 『장자』에 감명을 받고 나서 기껏 한다는 생각이 장자처럼 살아보는 일인가? 분명히 알아야 할 것은 장자는 절대 누구처럼 산 사람이 아니네."

우리가 아는 큰 철학자들 누구도 다른 누군가를 닮기 위해서 살지 않았다. 그들은 모두 자기만의 시선으로 자기처럼만 산 사람들이다. 노자도 공자도 칸트도 헤겔도 모두 '자기처럼' 산 사람들일 뿐이다. 자신만의 고유한 시선으로 세계에 철학적으로 접근한 사람들이다.

그런데 배우는 사람들은 칸트를 배우면 칸트처럼, 노자를 좋아하면 노자처럼, 공자를 좋아하면 공자처럼 살아보려고 한다. 이런 점에서, 우리에게 철학자로 인식되고 있는 조선의 많은 철학자들은 사실 철학자가 아니다. 그들은 대부분 주희(주자)를 닮으려고 안달이었다. 조선의 종속성은 이런 태도에서 기인한다. 문제는 현재 대한민국에도 "조선의 철학자"들이 사라지지 않았다는 점이다. 종교인이 철학적이기 어려운 것도 같은 맥락이다.

철학을 공부한다는 것은 앞선 철학자처럼 살아보기 위한 것이 아니다. 그 철학자가 철학적 사유의 결과물인 이론을 남길 때 사용했던 바로 그 높이의 시선을 자신의 삶 속에서 한번 사용해보는 것이다. 『장자』를 읽고 감명을 받았으면, 장자처럼 사는 일을 꿈꾸기보다 오히려 자신도 장자가 사용했던 높이의 시선을 지금 자신의 시대에서 사용해보려고 덤빌 일이다.

보통 일상생활에서 "우리 한번 철학적으로 접근해보자" "넌 항상 문제를 철학적으로 이야기해" "이건 너무 철학적이야" 등등의 표현을 쓴다. 그런데 '철학적'이라는 말을 사용하면서 그 말뜻을 정확하게 이해하고 있는 것일까?

사실 나 또한 철학을 전공했지만 이 말뜻을 제대로 이해한 것은 대학원 석사 과정을 마치고도 몇 년이 지났을 때다. 물론 내가 좀 학습 능력이 떨어지는 사람이기 때문이기도 하지만, '철학적'인 높이의 시선이 일반화되지 않은 문화권에서 이 말을 일상적으로 제대로 사용하기란 쉽지 않다.

레고LEGO라는 회사가 있다. 아이들이 좋아하는 블록 장난감을 만들어 파는 회사인데, 아마 모르는 사람은 거의 없을 듯하다. 다음은 레고 관련 신문기사다.

전통의 완구 회사 레고는 1990년대 들어 점차 빛을 잃어가고 있었다. 어린이 고객들은 레고보다 비디오게임기에 더 몰두하는 것처럼 보였다. 레고는 '아이들은 이제 전원만 켜면 바로 즐거움을 느낄 수 있는 장난감을 더 좋아한다'고 분석하고, 비디오게임 시장에 뛰어들었다. 또 조립하지 않고도 바로 가지고 놀 수 있는 쉬운 장난감을 많이 만들었다. 그런데 결과는 참담했다. 2004년 레고는 사상 최대 규모 적자를 냈다.[6]

레고는 이 위기를 타개하기 위해 덴마크의 한 컨설팅 회사를 찾아간다. 이 회사는 고객이 가져온 문제를 철학적인 문제로 바꾸어서 접근하는 것으로 유명하다. 레고는 원래 '아이들은 어떤 장난감을 좋아할까?'라는 질문을 붙들고 있었는데, 그 컨설팅 회사의 조언에 따라 기존 질문을 다음과 같은 철학적 질문으로 바꾼다. '아이들에게 놀이의 역할은 무엇인가?' '아이들에게 놀이란 무엇인가?'

어떤가? 질문이 철학적으로 바뀌었다는 것을 느낄 수 있을 것이다. 레고는 이 철학적인 질문에 대한 답을 찾기 위해 아이들을 직접 관찰하고 인터뷰하고 따라다니면서 이전과는 전혀 다른 사실을 발견한다. 아이들은 직접적이고 즉각적인 즐거움도 좋아하지만, 오랜 시간을 투자하여 어려운 기술을 익히고 이를 자랑하는 것에서도 큰 즐거움을 느낀다는 것이다.

내가 생각하기에 어린이들에게 놀이는 스스로 낯선 세계에 참여해 자신을 확인하거나 확장하는 한 방식이다. 그래서 레고는 이때부터 힘도 더 들고 시간도 더 오래 걸리지만, 스스로의 성취감을 느끼게 해줄 수 있는 장남감인 블록 장난감을 개발한다. 아이들도 창의적 활동에 직접 참여하려 한다는 철학적 결론이 이룬 결과다. 이것이 바로 철학적 접근이다. 여기서 우리는 '아이들은 어떤 장난감을 좋아할까'라는 질문과 '아이들은 왜 놀까'라는 질문 사이에 존재하는 시선의 차이를 인식할 필요가 있다.

이렇듯 레고 블록의 탄생과 같은 새로운 시선, 높은 시선이라는 것은 이미 익숙해진 것과의 결별이 없이는 사실상 불가능하다. 그러니까 철학을 한다는 것, 철학적이라는 것의 의미가 탁월한 높이의 시선을 갖는 것이라고 할 때, '자기파괴' '자기부정'의 과정은 그야말로 필수적이다.

철학적인 높이를 갖는 것이 창의적 삶을 사는 것

탁월한 시선으로서의 철학적 사유라는 것이 쉬운 일은 아니다. 일상생활에서는 익숙하게 언어를 사용하지만, 시인이 하는 것처럼 언어 자체를 들여다보거나 또 시적인 높이에서 언어를 지배하는 일이 쉽지 않은 것과 같다.

그것은 차원이 달라지기에 그렇다. 시를 이해하는 사람과 시를 이해하지 못하는 사람 사이에는 세계를 보는 통찰의 깊이와 높이에 분명한 차이가 있다. 언어를 지배하는 시인과 언어를 단지 사용할 뿐인 보통 사람 사이에 존재하는 시선의 차이는 매우 크다. 사실상 철학은 아주 높은 차원에서 이루어지는 고도의 지적 활동이다. 타고나지 않는 한, 훈련이 필요하고 노력이 필요하다.

수학을 예로 들어본다. 숫자를 다룰 수 있는 사람과 다루지 못하는 사람 사이에도 큰 차이가 난다. 우리 모두 알듯이 '수數'라는 것은 원래 실재적으로 존재하지 않는다. 인간이 세계를 분류하고 또 분류한 그것들을 다루는 도구로 개발된 하나의 관념적인 장치다. 그런데 인간은 왜 분류를 할까? 자신의 뜻대로 세계를 재편성, 즉 디자인하기 위해서다. 세계를 분류해서 재편성하고 디자인함으로써 인간은 자신의 의도대로 그것을 지배하고 관리할 수 있다.

'2'라는 숫자가 있다. '2'는 매우 포괄적인 분류의 한 형태다. 나란히 걷고 있는 두 사람이 '2'가 되기도 하고, 중국과 미국이 '2'가 되기도 한다. 지구와 달을 '2'라 하기도 하고, 이슬 두 방울이 '2'가 되기도 한다. 이 생각과 저 생각을 합해서 '2'가지 생각, 즉 '2'라 하기도 한다. 또한 네 사람을 묶은 두 집단을 '2'라 하기도 한다. 특별한 의도에 따라 분류된 어떤 특정한 유형을 '2'라는 숫자 하나로 모두 표기할 수 있다.

셀 수 없을 정도로 많고 다양한 형태의 '둘'이 '2'라는 숫자 하나에 모인다. 포함된다. 압축된다. 추상화된다. 이렇게 셀 수 없을 정도로 많은 다양한 특정 경우를 숫자 하나로 지칭하는 일은 매우 경제적이다. 경제적이기 때문에 효율적이고, 효율적이기 때문에 힘이 있다. 결과적으로 그것을 활용할 줄 알면, 세계를 관리하고 지배하는 능력이 커진다.

수를 사용하지 못했던 그 이전의 시대와 비교할 때, '수의 사용'이란 인간이 전략적으로 엄청나게 진보했음을 의미한다. 자신이 원하는 구도, 자기 전략에 맞게 세계를 구분하고 장악하고 지배할 수 있는 특정한 유형의 구조를 만들어냈기 때문이다. 그러니까 수를 사용하지 못하는 사람과 수를 사용하는 사람 사이에는 세계를 관리하고 지배하는 능력에 차이가 있을 수밖에 없다.

매우 높은 차원에서 추상화된 세계 분류 형태의 한 가지인 '수'를 획득한 다음에는 그것들을 요모조모로 재배치하거나 의미를 조정하는 데 사용한다. 서로 특정한 의미 계열 안에서 덧붙여보기도 하고 줄여보기도 한다. 바로 더하기와 빼기를 해보는 것이다. 다음에는 그것을 하나의 틀로 만들어내는데, 그것이 바로 덧셈이고 뺄셈이다.

더하기와 빼기를 발견하고 나서는 또 정해진 한 무더기에서 같은 것을 계속 더하거나 빼내는 또 다른 차원의 일을 궁리한다. 계속 빼내는 일을 나누기로 도식화하고, 계속 더하는 일을 곱하기로 도식화한다. 곱하기와 나누기가 보여주는 효율성은 실로 엄청나다. 하나하나 계속 더하거나, 하나하나 계속 빼내는 일을 일일이 하지 않고 일정한 틀로 만들어서 단숨에 해치워버린다. 심지어는 인간이 평생 해도 끝낼 수 없는 정도의 지속적인 빼기나 더하기마저도 눈앞에서 단숨에 해결해버린다.

정해진 무더기에서 일정한 양을 계속 빼낸다면 몇 번 만에 다 할 수 있을까를 예측하는 일은 사실 엄청난 진보다. 곱셈과 나눗셈을 할 수 있게 되었다는 사실도 중요하지만, 지성의 고양이나 전략적 시선으로의 상승이라는 관점에서 우리가 더 의미를 두고 보아야 할 점은 인간이 이 세계에 있는 모든 유형의 반복적인 빼기와 더하기에 일률적으로 적용할 수 있는 틀을 가졌다는 사실이다.

여기에서 대수代數의 단계로 확장되면 또 차원이 달라진다. 지금까지는 숫자로 표기된 계산 형식이었다면, 이제는 숫자로만 하는 것이 아니라 숫자를 대신하는 x나 y 등과 같은 문자나 기호를 사용해서 계산의 범위와 규칙성을 더욱 다양하고 정교하게 할 수 있다. 방정식의 문제 해결 방법이다.

임의의 상수와 미지수를 사용할 수 있게 된 결과로 이 세계의 문제를 해결하는 수학적인 방식이 훨씬 더 넓어지고 형식화되었다. 그러므로 문제를 해결하는 방법이 그 이전에 비해서 더욱 엄밀한 공식화의 절차를 갖게 된다. 연역적인 추론이 훨씬 간편해져 더 큰 효율성을 갖게 되는 것이다. 전략적인 해결 능력의 차원이 한층 높아졌다.

정해진 숫자로만 계산을 할 수 있는 사람과 미지의 기호를 붙여서 문제를 해결할 수 있는 사람 사이에는 시선의 높이에 큰 차이가 있다. 이것이 능력의 차이를 만든다. 따라서 지배력과 관리 능력이 크게 다를 수밖에 없다.

기하는 또 더 높은 단계다. 더 추상화되기 때문이다. 공간을 수리적으로 관리하려고 고안된 것이 기하학이다. 기하학은 기본적으로 공간과 관계된다. 공간을 추상화해서 수리적으로 표현하는 기하학은 사실 이집트인들이 개발했는데, 정작 기하학의 발전은 그리스인들의 손에서 이루어진다. 이집트인들은 그리스인들과 달리 사고가 경험적이었다. 그래서 기하학을 개발해놓고도 그것을 피라미드를 쌓거나 토지를 측량하는 구체적인 활동에만 사용하였다.

이와 달리 그리스인들은 추상적인 사유에 능했다. 그래서 도형에 대한 개념을 한 단계 높은 차원에서 완전히 새롭게 형성하고 근본적인 원리를 건설하여 거기서부터 연역적으로 문제를 해결하는 능력을 보여준다. "직각삼각형의 빗변을 한 변으로 하는 정사각형의 넓이는 나머지 두 변을 각각 한 변으로 하는 정사각형 두 개의 넓이의 합과 같다"는 피타고라스의 정리를 떠올리면 쉽게 이해할 수 있다. 대수에서 방정식이 고안되듯이, 이런 도형에 대한 이해도 일반화 차원에서 공식으로 만들어진다. 원리로 만들어지는 것이다. 기하학의 발전으로 세계를 관리하는 시선의 높이가 크게 상승했다.

경험적인 연산이나 대수의 차원(물론 지금의 대수학은 이미 고도로 추상화되었지만)과 기하의 차원은 높이에서 차이가 난다. 기하학까지 발전시킨 사회나 문화권은 그렇지 못한 곳에 비해 전략적인 구사 능력이 훨씬 높을 수밖에 없다. 지성의 높이에 따라 그 사회의 수준이 결정된다. 수학은 지성을 고도로 발휘해 수나 도형이나 대수를 가지고 세계와 관계하지만, 철학은 '수'나 '도형' 대신 '개념'과 '관념'을 사용해서 그 일을 한다. 우리가 철학적인 높이의 시선을 갖는 것이 현실적인 지배력까지 보장해주는 이유는 세계를 그만큼 더 넓고 높은 데서 볼 수 있기 때문이다. 그래서 지성의 높이를 철학의 단계까지 끌어올린 사람은 그러지 못한 사람보다 세계를 관리하고 지배하는 능력이 클 수밖에 없다.

우리가 왜 '철학적'이어야 하는지 수학과 비교해서 두루뭉술하게 설명해보았다. 다만 앞에서도 말했지만, '철학적'이라는 말을 받아들일 때 우리가 반드시 주의해야 할 것은 철학 수입국으로서의 우리는 자칫 철학서에 들어 있는 외국 철학자들의 이론을 숙지하고 적용하는 것으로 착각하기 쉽다는 것이다.

철학적 지식을 갖는 일과 철학적 시선을 발휘하는 일이 항상 일치하는 것은 아니다. 문제는 우리가 철학적인 지식에 익숙해지는 단계를 넘어서서 스스로 철학적인 높이의 시선을 발휘할 수 있느냐 없느냐 하는 점이다. 지성이 한 발짝 한 발짝 상승해서 더 이상 오르지 않아도 되는 그곳, 거기에 철학이 살고 있다.

판 자체를 새롭게 벌이려는 시도, 그것이 철학이다

철학적인 시선은 분명 세상을 바꾸는 힘을 제공한다. 세상 속의 잡다한 변화를 마치 수학자가 '수'를 가지고 압축해서 포착해버리듯 철학자는 '관념'으로 압축해서 다룬다. 이것은 매우 높은 차원의 지성적 활동이기 때문에 거대한 세계의 변화를 감지하여 시대에 대응하는 새로운 '개념'을 창출하거나 새로운 '방향'을 생산한다. 세상에 다른 흐름을 제공하기도 하고 세상을 새로운 방향으로 끌고 가기도 한다.

플라톤의 '이데아idea'가 그런 역할을 했다. 데카르트의 '물질'과 '정신'이라는 실체관도 근대를 수학적이고 양적이며 확실성을 추구하는 방향으로 나아가게 해서 근대적 세계관을 인도했다. 포이에르바하Ludwig Feuerbach의 '물질'도 그렇고 프로이트의 '무의식'도 그렇다. 철학적인 시선으로 포착한 '관념'적 범주들이 세계를 새로운 방향으로 이동하도록 했다. 또한 공자나 노자가 말한 '도道'도 세상을 그 이전과는 전혀 다르게 끌고 가는 역할을 했다.

철학은 이처럼 세계를 바꾼다. 아니면 철학이 세상을 바꾸는 것이 아니라 바뀌는 세계를 철학적 시선이 가장 앞서 포착한다고 말할 수도 있다. 세상을 변화시키든 아니면 세상의 변화를 높은 차원에서 먼저 인지하든, 철학은 적어도 우리에게 세계의 변화 자체를 인지시키고 거기에 반응하도록 하는 힘을 갖게 한다. 이런 이유로 철학자는 항상 혁명가며 문명의 깃발로 존재한다.

그래서 철학적인 시선은 새로운 세계를 여는 도전이다. 철학적인 삶은 분명 또 하나의 세계를 생성한다. 판 자체를 보기 때문에 새판을 짤 수 있다. 그렇지 못한 삶은 변화의 맥락에 주도적으로 동참하는 능력이 떨어져 아주 사소한 것이라도 스스로 생산하기가 쉽지 않다. 판 자체에 대해서 사유하지 않기 때문에 '새판 짜기'가 불가능하며, 따라서 이미 만들어져 있는 기존의 판 안에서만 움직일 수 있을 뿐이다.

'삶' 자체에 대한 인식이 떨어지면 어쩔 수 없이 이미 정해진 삶의 방식을 답습하며 살지 않을 수 없다. 그래서 남들이 먼저 생산해놓은 것을 따라하거나 확대 재생산하는 역할만 한다. 지식의 축적 여부를 떠나 지성적인 높이를 갖느냐 갖지 못하느냐가 그 삶의 격을 결정한다. 그 지성의 극처極處에 철학이 있다.

이 극처 주위에 우리가 일상 속에서 접근하기 쉽지 않은 여러 분야들이 상하좌우로 맴돈다. 수학, 예술, 물리학, 문학, 사학… 이런 것들이다. 이런 분야들이 세계를 높은 지성의 위치에서 포착한다. 이들은 세계를 물리적인 원리로 포착하거나 화학적인 연관으로 포착하거나 '수'로 포착하거나 '관념'으로 포착한다. 포착된 그것들을 '형상'적인 방식으로 드러내는 것이 바로 예술이다.

이 높이에서 한 결정들이 구현될 때, 대개 창의적이다, 독립적이다, 전략적이다, 선도적이다, 선진적이다, 새롭다, 지배적이다 등등의 평가를 듣는다. 그렇지 않으면 따라한다, 복제한다, 종속적이다, 피지배적이다, 전술적이다, 후진적이다, 구태의연하다는 평가를 듣는다. 창의적이고 독립적이고 선도적인 일들은 모두 판을 새롭게 짜는 결과를 낳는다.

모든 철학은 시대의 자식이다

사유를 철학적인 높이에서 작동하는 일은 국가 발전에 큰 힘이 된다. 창의력이나 상상력이 발휘되어 주도권을 가진 나라라야 비로소 선진국의 지위를 누릴 수 있는데, 그런 것들이 바로 인문적인 혹은 철학적인 높이에서 발휘되기 때문이다. 당연히 선진국은 전략적인 높이에서 활동하는 국가다.

앞서 말했듯 한국에서는 철학에 국가 발전을 연결시키면 매우 철학적이지 않은 태도로 받아들인다. 왜냐하면 우리는 철학을 보편적인 세계관이나 원리 등을 체계적으로 설명하는 이론으로 간주해왔기 때문이다.

여기서 매우 반성적인 주의를 기울여야 한다. 우리는 철학 생산국이 아니라 철학 수입국이다. 철학을 수입한다는 것은 생각을 수입한다는 뜻이다. 생각의 수입은 삶의 기본 원칙들을 수입한다는 것으로 결국 종속성을 드러낸다. 독립적일 수가 없다. 이런 구조가 산업에까지 그대로 연결되어 종속적이게 된다. 결국 사유의 종속성으로 창의적이지 못하고, 다른 나라의 창의적 결과들을 따라하기만 하는 것, 이것이 철학 수입국인 한 벗어나기 힘든 치명적인 문제다.

철학 생산국들은 좀 다르다. 밖에 있는 것을 그대로 따라하지 않고, 스스로 생각한다. 이것이 독립적 사유다. 독립적 사유의 터전은 외부에 이미 있는 사유의 내용이 아니라 바로 자기가 처한 당장의 세계다. 그래서 그들의 사유는 그들이 처한 구체적인 현실 속, 역사적인 세계 자체에서 비롯된다. 사유를 그들이 처한 바로 그 세계에서 시작하는 것이다.

철학 생산국들은 그들이 처한 문제를 해결하기 위해 철학을 구성한다. 플라톤도 그랬고, 헤겔도 그랬고, 마르크스도 그랬고, 니체도 그랬다. 공자도 그랬고, 노자도 그랬고, 주자도 그랬으며, 양명陽明*도 그랬다. 그들의 철학은 모두 그들의 시대에서 태어났다.

이와 달리 철학 수입국들은 그 구성된 내용을 수용하기 때문에, 기성품으로서의 이론을 가져와서 자신들의 세계를 거기에 맞추려고 한다. 진리의 터전은 구체적인 세계인데, 만들어진 이론을 진리로 착각한다. 자신이 처한 세계에서 철학적인 이론을 꽃피우지

* 1472~1528?. 중국 명나라 중기의 유학자로, 양명학파의 시초. 형식화된 주자학을 비판하며 창시된 양명학은 사민평등(四民平等)과 도덕적 실천을 강조했다.

못하고, 수입된 철학 이론으로 자신의 세계를 관리하려 덤비는 것이다. 그러니 생산국에 비해 효율성이 현저히 떨어질 수밖에 없다. 이렇듯 한쪽은 효율적으로 전진하고, 다른 한쪽은 비효율성을 계속 쌓아가다 보니 어떻게 해도 차이가 좁혀지기 힘들다.

수입된 기성품으로서의 철학 이론을 진리로 수용하는 사람들은 시선이 구체적인 현실에 닿지 않는다. 현실적인 세계가 아니라 수입된 이론을 진리로 간주하기 때문에 시선은 온통 그 이론 체계에만 집중된다. 이념과 신념의 집행자로 존재하지 그것들의 생산자로 우뚝 서려는 시도를 못 한다. 당연히 믿고 있는 이념을 구체적인 세계에 부과하려고만 하지, 구체적인 세계 속에서 새롭고 적절한 전략을 생산하지 못한다. 그래서 사유나 활동의 범위가 이론을 품고 있는 자기에게로 축소된다.

즉 자기가 그 이론을 이해했는지 아닌지 혹은 그 이론이 지시하는 대로 살고 있는지 아닌지로 축소된다. 자신이 수입한 이론만을 진리로 품게 된다. 이로써 스스로는 이론의 대행자로 존재하지, 자신을 둘러싼 구체적인 세계에서 문제를 발견하려는 호기심을 발휘하는 사람으로 살지 못한다. 이러다가 단절적인 개인 수양 속으로 쉽게 빠져들기도 한다.

만약 철학이 자기 수양의 차원에서만 행해지고 추상적 논의에만 빠져 있다면 이것은 철학 본연의 모습이 아니다. 역사적으로 지금까지 철학을 생산한 사람들은 모두 세계와 단절된 자신의 수양에만 관심 갖지 않았다. 철학 생산자들은 모두 시대와 세계에 대해 누구보다 예민하게 관심을 보인 사람들이다. 그래서 모든 철학은 다 시대의 자식들이다. 시대를 건너가는 가장 높은 차원의 시선이 바로 철학이다. 모든 철학은 다 각기 그 시대를 이야기한 것이었는데, 그것을 수입하는 사람들은 그 시대에 담겨 있던 바람 소리나 시장의 소란이나 땀 냄새들은 모두 빼버리고 관념적인 논의나 도덕적인 주장들만 받아들여 교조적으로 내면화한다.

철학을 공부한다는 것은 우선 자신을 지성적으로 튼튼하게 하는 일이다. 모든 철학적 자산은 독립적으로 형성되기 때문이다. 철학을 통해 자신이 튼튼해짐으로써 얻을 수 있는 가장 큰 소득은 '높은 시선'이다. 높은 차원의 활동성이다. 이렇게 철학적으로 튼튼해진 사람은 새로운 개념을 창출하고 새로운 빛을 발견함으로써 세계에 진실한 방향성을 제시한다.

이보다 더 큰 사회적 역할이 있겠는가? 최종적으로 자기 내면이 얼마나 튼튼한가가 얼마나 사회적 역할을 진실하게 할 수 있는가를 결정한다.

先導

2강

선도先導 : 이끌다

"철학은 국가 발전의 기초다."
우리나라의 발전은 건국을 시작으로 민주화에 이르기까지
앞선 나라들을 따라하며 진행되었다.
이제는 그다음 단계인 선진화로 도약할 때다.
선진화란 사유의 상승이 기본 조건인바, 그 해답은 바로 철학에 있다.
철학이란 시대의 흐름을 포착해내는 지성적인 힘이기 때문이다.
이러한 철학을 토대로 할 때 새로운 '장르'의 창조가 가능해짐으로써
'선도력'을 갖게 되고 결국 이것이 국가 발전의 기초가 된다.
단순한 지식 습득에서 벗어나 더 높은 차원에서
독립적으로 생각할 수 있을 때 철학은 시작된다.

태 — 새로 만들다

胎

선도력을 갖기 위해서는 '장르'를 만들 수 있어야 한다.
장르가 선도력을 갖게 하고, 선도력이 '선진'을 가능하게 한다.
이 장르의 출생처가 바로
철학적 시선으로 포착된 관념이다.

철학은 구체적인 현실과 함께 작동하는 것

앞에서 서양의 철학이 동아시아에 어떤 과정으로 들어왔는지를 보았다. 철학의 이론이라든지 유명 철학자에 관한 이야기가 아니라 '철학적 시선'의 등장에 관한 이야기였다. 이것을 철학이라고 하면 좀 생소하게 받아들이는 사람들도 있을 것이다. 철학 이론의 내용을 숙지하는 일에 익숙한 사람들에게는 이런 지성적인 시선의 높이를 철학이라고 하는 것이 생경하게 들릴 수도 있겠다.

하지만 아무리 철학적인 지식이 많아도 '철학'을 하지 못하면 아무 의미가 없다. 철학적인 시선의 높이에서 주체적으로 세계를 이해하지 못할 뿐 아니라, 그 높이에서 자신의 삶을 끌고 가지 못하면 철학을 하는 것이 아니다. 다른 사람이 철학을 해서 남긴 이론을 숙지하며 따지는 연구자일 수는 있다. 하지만 철학은 이론이나 지식이 아니라 '활동'이다.

반복해서 말하지만 철학적 지식, 그것은 철학이 아니다. 철학은 기실 명사와 같은 쓰임을 갖고 있지만, 동사처럼 작동할 때만 철학이다. 자신의 시선과 활동성을 철학적인 높이에서 작동시키는 것이 철학이다. 그래야 창의력이나 상상력이나 윤리적 민감성이나 예술적인 영감 같은 것들이 가능해진다.

그런 지성적 높이로서의 철학이 동양 사회에는 아편전쟁 즈음에 일본과 중국에 먼저 들어왔다. 반복해서 말하자면, 중국의 경우 서양을 배우는 데 제일 먼저 천착했던 것이 과학기술 문명이고, 그다음이 정치제도였다. 그리고 마지막이 윤리, 철학, 사상이었다. 그래서 중국에는 윤리, 철학, 사상이 세계를 해석하고 세계에 참여하는 가장 높은 방법이라 여기고 이를 자신들의 세계에 적용하려 분투하였다.

이제 우리에게 철학이란 무엇이며, 철학적인 높이의 시선은 무엇인지를 보자. 이미 느끼고 있겠지만, 이 책은 철학이 무엇인지에 대해서 엄밀하게 정의하는 것을 목적으로 하지 않는다. 철학이 나와 세계와의 관계에서 어떤 역할을 하는 것인지를 훨씬 더 중요하게 다룬다. 그래서 그 대략적인 밑그림, 즉 우리 삶 속에서의 철학의 실천적 역할이 전달되기만 하면 되겠다.

"철학은 국가 발전의 기초다"라고 했던 중국 도사 이야기를 기억할 것이다. 이미 말한 바와 같이 우리나라에서 철학을 국가 발전과 연결시키는 일은 일반적이지 않다. 그런데 이 중국 도사가 머뭇거림이라곤 하나도 없이 단도직입적으로 "철학은 국가 발전의 기초다"라고 해서 실은 나도 놀랐다. 철학이 국가 발전의 기초라는 것은 추상적으로 보이는 철학적 이론이 국가 발전이라고 하는 구체적인 현실과 함께 얽혀서 작동한다는 뜻 아니겠는가?

새로운 '장르'를 시작하는 나라가 선진국

한 사회의 높이를 가늠할 때는 그 사회에서 문화나 철학이나 예술이 어떤 위치에 있는지 혹은 어떤 대접을 받는지를 보기도 한다. 이것들의 가치를 인정할 뿐만 아니라 이것들과 친하게 지내는 사회는 그 사회 구성원들의 시선이 이미 이것들이 제공하는 높이를 수용할 정도에 도달해 있다. 우리에게는 아직 문화나 예술 혹은 철학이 제공하는 높이가 사회 깊숙이 스며들어 있지 않지만, 최근에 상황이 많이 달라져 도처에서 예술이나 철학을 접촉할 수 있는 기회가 늘어나고 있다. 이는 우리 사회가 질적으로 상승하려고 몸부림치고 있음을 나타내기 때문에 매우 고무적이다.

사지에서 목숨을 걸고 독립운동을 하던 김구金九 선생께서도 문화를 매우 강조하셨다. 아래 글은 백범 김구 선생께서 『백범일지』 말미에 붙인 「나의 소원」이라는 글 가운데 일부다.

> 나는 우리나라가 세계에 가장 아름다운 나라가 되기를 원한다. 가장 부강한 나라가 되기를 원하는 것은 아니다. 내가 남의 침략에 가슴이 아팠으니, 내 나라가 남을 침략하는 것을 원치 아니한다. 우리의 부력富力은 우리의 생활을 풍족히 할 만하고, 우리의 강력

强力은 남의 침략을 막을 만하면 족하다. 오직 한없이 가지고 싶은 것은 높은 문화의 힘이다. 문화의 힘은 우리 자신을 행복되게 하고, 나아가서 남에게 행복을 주겠기 때문이다. 지금 인류에게 부족한 것은 무력도 아니오, 경제력도 아니다. 자연과학의 힘은 아무리 많아도 좋으나, 인류 전체로 보면 현재의 자연과학만 가지고도 편안히 살아가기에 넉넉하다. 인류가 현재에 불행한 근본 이유는 인의仁義가 부족하고, 자비가 부족하고, 사랑이 부족한 때문이다. 이 마음만 발달이 되면 현재의 물질력으로 20억이 다 편안히 살아갈 수 있을 것이다. 인류의 이 정신을 배양하는 것은 오직 문화다. 나는 우리나라가 남의 것을 모방하는 나라가 되지 말고, 이런 높고 새로운 문화의 근원이 되고, 목표가 되고, 모범이 되기를 원한다. 그래서 진정한 세계의 평화가 우리나라에서, 우리나라로 말미암아서 세계에 실현되기를 원한다. 홍익인간弘益人間이라는 우리 국조 단군의 이상이 이것이라고 믿는다.[7]

자연과학이나 부강함 등을 문화와 조금 대비되는 것처럼 표현하였지만, 당시 시대적 조건과 급박한 상황에서도 문화를 핵심적 높이로 제기한 점은 가슴에 새길 만한 내용이다. 나는 자연과학이나 부강함이 바로 문화력에서 나온다고 본다. 행복, 인의, 자유, 사랑과 같은 덕목이 제대로 기능하는 사회의 높이가 바로 문화적이고 예술적이며 철학적인 단계다. 행복이나 인의나 자비 등과 같은 덕목은 그냥 개인적인 마음 씀씀이 정도로 치부될 일이 아니다.

이런 덕목들이 기능한다는 것은 이런 덕목들이 발휘될 정도로 고양된 인격을 가진 구성원들로 사회가 채워져 있음을 의미하는데, 이런 고양된 인격의 소유자들이 발휘하는 시선이나 활동성은 단계가 매우 높다.

이 높은 단계의 시선은 그 시선을 가진 것 자체로만 훌륭한 것이 아니라, 그것이 사회적으로 실현되면서 구체적인 성취를 이뤄낼 가능성이 크기에 중요하다. 그것이야말로 자연과학이나 국가의 부강함을 이룰 수 있게 해주는 상위의 힘이다. 김구 선생께서 말씀하셨듯이 문화적이 되면 남을 모방하지 않는 힘이 발휘된다. 독립적이 되는 것이다. 이 독립적인 태도가 바로 모범이 된다. 모범이 되면 선도하게 된다. 그래서 사랑, 자비, 인의, 자유, 문화, 예술, 선도, 독립, 선진, 부강 등등은 서로 긴밀하게 연결되어 영향을 주고받는다. 문화나 예술이 현실과 밀접하게 연관되는 것과 같은 맥락이다.

선도력을 발휘하는 단계가 아닌 사회에서 문화나 철학, 예술은 현실과 분리되어 있는 것으로 간주되곤 한다. 그것들은 모두 현실 너머에 있는 어떤 것, 현실이 충족되고 나면 향유하는 것, 고상하지만 쉽게 친해지기 어려운 것으로 받아들여진다. 그래서 문화와 철학과 예술이 곧 현실이라는 인식이 강하지 않다. 그러다 보니 철학이 국가 발전 문제와 연관되어 있다거나 국가 발전을 이루는 데 어떤 기능을 하는 것이라고는 생각하지 못한다.

흔히들 국가 발전과 철학이 별로 관계없는 것으로 생각하는데,

중국의 그 도사는 어떻게 철학이 국가 발전의 기초라는 인식을 갖게 되었을까? 물론 이 도사가 중국 전체를 대변하지도 않고, 또 우리나라 사람 모두가 철학을 현실과 분리된 것으로 생각하고 있지도 않을 것이다. 지금은 그저 큰 틀에서 얘기를 풀어나가고 있음을 이해해주기 바란다.

간단하게 이야기하자면, 그 도사가 철학과 국가 발전을 연결해서 이야기한 것은 그가 중국인이기 때문에 가능했을 것이다. 철학과 현실이 긴밀히 연결되어 작동함을 아는 것은 선진국을 경험해본 사람들에게나 가능한 일이기 때문이다.

중진국까지는 선진국의 선도력을 따라가거나 그 선도력을 확대심화시키는 역할을 주로 한다. 그에 비해 선진국은 독립적이고 전략적인 판단으로 세계를 선도하는데, 이 독립적이고 전략적인 판단의 주요 자양분이 바로 철학적 시선이다. 중국은 선진국도 운용해보았고, 심지어 제국을 운용한 경험도 가지고 있다. 철학적인 높이의 시선으로 역사를 운용해본 적이 있다는 말이다.

반면 한국은 그런 경험과 기억을 가지고 있지 못하다. 철학적 시선으로 국가와 사회를 운용해본 적이 없다. 질적으로 한 단계 더 높이 상승해야만 하는 한국의 가장 큰 약점은 바로 이 선진국을 운용해본 경험이 없다는 사실이다. 선진 국가, 선진 기업을 운용해본 적이 없고, 선진 정치를 해본 적이 없기 때문에 '선진' 단계를 향해 나아갈 동력을 형성하기가 어렵다.

선진국에서는 왜 철학과 국가 발전을 연결시킬 수 있는가? 선진국은 말 그대로 앞으로 나아가는 나라, 선진하는 나라다. 후진국은 후진하는 나라다. 후진한다는 말에는 뒤로 간다는 뜻도 있고, 뒤따라간다는 뜻도 있다. 선진국이 선도하려면 선도할 수 있는 능력과 힘이 있어야 하는데, 그것을 선도력이라 한다. 선도력 없이 선진할 수는 없다.

선도력은 어떻게 형성되는가? 선도력은 앞에서 인도하며 끌고 가는 힘이기 때문에 우선적으로 남들보다 앞선 무언가가 있어야 한다. 그것이 물건이 되었든 제도가 되었든 혹은 보이는 것이든 안 보이는 것이든 간에 다른 나라에는 없으면서 자신들에게만 있는 고유하고 앞선 무언가가 있어야 한다.

예를 들어 우리 주위에. 있는 물건 가운데 우리가 다른 나라보다 먼저 만든 것이 무엇일까? 찾기가 어렵다. 우리가 사용하는 거의 모든 것은 다른 나라에서 먼저 만든 것을 따라서 만든 것들이다. 우리는 전기밥솥을 수출까지 하지만, 전기밥솥이라는 것 자체를 만들기 시작하지는 못했다. 자동차 또한 수출하지만, 자동차라는 것 자체를 만들기 시작하지는 못했다. 무엇인가 새로 만들어지면서 이루는 일정한 범위를 '장르'라고 한다. 선진국은 바로 이 '장르'를 만든다.

어떤 나라가 문화적인가 아닌가 하는 점은 바로 장르를 만들 수 있는지의 여부가 결정한다. 장르를 만드는 나라는 문화적 차원에서 움직이고, 장르를 만들지 못하고 수입하는 나라는 아직 문화적이지 않다. 장르를 만들면 그 장르가 새로운 산업이 되어서 경제적인 성취를 이루고, 경제적인 성취가 힘을 형성하여 그 힘으로 앞서나간다. 장르–선도력–선진은 이렇게 연결된다.

장르를 개인 차원에서 말한다면, 그것은 바로 '꿈'이다. 고유한 장르를 가지고 있느냐 없느냐가 그 사회의 선진성 여부를 보여주듯이 각자 개인들은 꿈이 있느냐 없느냐로 독립적이냐 아니냐를 보여준다.

여러분들이 지금 고유한 자신으로 고품격의 삶을 살고 있는지 아닌지 그 여부를 알고 싶다면 바로 자신에게 물어보라.

"나는 무슨 꿈을 꾸고 있는가?"

꿈이 있는 사람은 선도적 삶을 산다. 꿈이 없는 사람은 종속적 삶을 산다. 자신에게 또 물어보라.

"나에게는 어떤 꿈이 있는가?"

질문이 많으면 선진국, 대답이 많으면 후진국

이제 선진국과 후진국의 차이를 좀 다른 차원에서 이야기해보겠다. 선진국이라고 해서 모든 국민이 다 선진적이지는 않을 것이다. 또한 후진국이라고 해서 모든 국민이 다 후진 차원에 있지는 않다. 문제는 주도적인 역할을 할 수 있는 사람들이 비록 양적으로 적더라도 얼마나 응집력을 가지고 존재하는지 혹은 주도적인 역할을 해야 한다는 자각을 하면서 존재하는지의 여부가 결정적이다. 여기서 자각적인 활동성은 대부분 시대의식을 포착하고, 포착된 시대 문제를 자신의 문제로 자각한다는 뜻이다. 이렇게 책임성을 자각한 사람들이 주도하는 사회가 있는 반면, 그런 책임성을 가진 사람들이 응집되지 못하고 분산되어 있거나 책임성 자체가 비교적 취약한 사회가 있다. 이것이 바로 선진국과 후진국의 차이다.

책임성을 발휘할 수 있는 이런 사람들은 대개 자신의 폐쇄적인 시선을 벗어나 시대를 들여다보고, 거기서 문제를 발견하려 덤빈다. 보통 사람들은 군중들 속에 섞여서 눈에 보이는 일상의 기능적인 문제를 해결하는 데 더 집중하지만, 무의식적으로나마 시대에 책임성을 발휘하려는 의지가 있는 사람들은 번잡한 일상 속에서도 기능에 빠지지 않고 시대의 흐름을 파악한다. 그 흐름을 하나의 관념으로 포착한다. 그 포착된 관념이 구체적으로 적용되어 새로운 장르를 형성하는 것이다.

이 관념적인 포착은 어떻게 이루어지는가? 나의 책 『인간이 그리는 무늬』에서도 자세히 언급한 바 있지만, 대부분의 사람들이 일상의 기능적인 관심에 빠져 있을 때, 거기에서 슬그머니 이탈해 흐름 자체에 궁금증을 가지면서 시작된다. 대다수가 공유하는 관념에서 이탈하여 자신만의 호기심과 궁금증을 발동시키는 것이다. 이 호기심은 사실 이 세계의 누구와도 공유되지 않은 자신만의 것으로, 매우 고유하고, 비밀스럽고, 사적인 내면의 활동이다. 호기심이 발동할 때, 즉 자신에게만 있는 고유한 힘이 발동할 때, 인간은 비로소 자기 자신으로 존재한다. 자기에게만 있는 고유한 힘에 의지하기 때문이다. 자기 자신으로 존재하는 이런 사람이 비로소 독립적 주체다. 이런 독립적 주체들이 사회의 주도 세력이 되면 궁금증과 호기심을 발동시키는 힘이 강해지고, 결국 그 사회는 새로운 장르를 만들고 부단히 혁신하며 나아간다.

독립적 주체들은 대답하는 일에 빠지지 않고 질문을 시작한다. 대답은 주로 '우리' 속에 매몰되어 있는 사람들에게 익숙한 것이다. 질문은 '우리'로부터 이탈한 독립적 주체들만이 할 수 있다. '대답'이 진행되는 구조를 보자. 대답이란 이미 있는 지식이나 이론을 그대로 먹어서 누가 요구할 때 그대로 다시 뱉어내는 일이다. 이때는 누가 원래 모습 그대로 뱉어내는가, 누가 더 많이 뱉어내는가, 누가 더 빨리 뱉어내는가에 따라 승부가 갈린다. 이런 구조 속에서 대답을 하는 사람은 고유한 자기 자신으로 존재하지 못한다. 대답을 할 때 그 사람은 고유한 자기 자신으로 존재하지 못하고 지식과 이론이 지나가는 통로 혹은 지식과 이론이 머물다 가는 중간 역으로만 존재한다. 여기서 주도권은 어디에 있겠는가? 당연히 '우리'가 함께 공유하는 지식과 이론에 있다. 대답의 공간에서는 '우리'가 '나'보다 더 강력하다.

대답에서는 지식이나 이론의 '원래 모습'을 그대로 뱉어내는지의 여부가 중요하다. 그런데 '원래 모습'은 현재나 미래가 아니라 과거다. 그래서 대답이 팽배한 사회에서는 주로 과거를 따지는 일에 더 몰두한다. 또 '원래 모습'을 중시하다 보니 그것을 강력한 기준으로 사용하여, 그 '원래 모습'에 맞으면 참으로 간주하고 맞지 않으면 거짓으로 간주한다. 당연히 진위가 가장 중요해진다. 그래서 질문보다 대답을 위주로 하는 사회에서는 모든 논의가 주로 과거의 문제에 집중하게 되어버리거나 진위 논쟁으로 빠져버린다.

질문은 이와 다르다. 질문이 일어나려면 우선 궁금증과 호기심이 발동해야만 한다. 궁금증과 호기심은 다른 누구와도 공유할 수 없는 자신만의 것이다. 자신에게만 있는 이 궁금증과 호기심이 안에 머물지 못하고 밖으로 튀어나오는 일, 이것이 질문이다. 그래서 인간은 결국 질문할 때에만 고유한 자기 자신으로 존재한다. 고유한 존재가 자신의 욕망을 발휘하는 형태가 바로 질문이다. 그래서 질문은 미래적이고 개방적일 수밖에 없다. 대답은 우리를 과거에 갇히게 하고, 질문은 미래로 열리게 한다.

당신은 아는 지식을 내뱉는 대답에 익숙한가? 아니면 자신만의 고유한 궁금증을 발동시키는 질문에 익숙한가? 우리나라 사람들에게 질문은 상당히 어려운 일이다. 질문 없는 교실 풍경이 이를 잘 설명한다. 흔히들 대답과 질문을 다른 두 기능이라고 하지만, 이는 사실과 다르다. 대답은 기능이지만 질문은 기능이 아니라 인격이다. 질문과 대답은 대립적인 한 쌍이 아니라 전혀 다른 차원의 두 행위다. 대답은 인격적인 준비가 되어 있지 않아도 가능하지만, 질문은 궁금증과 호기심이라는 내면의 인격적 활동성이 준비되어 있지 않으면 절대 나올 수 없다. 한마디로 대답은 '기능'이지만, 질문은 '인격'이다.

질문–독립적 주체–궁금증과 호기심–상상력과 창의성–시대에 대한 책임성–관념적 포착–장르–선도력–선진국은 이렇게 연결된다. 사실 질문이 성한 나라가 선진국이다. 모험, 도전, 탐험, 개척 등등도 모두 질문 주변에서 함께 움직인다. 대답에만 빠져 있고 질문이 귀한 나라는 후진국이거나 중진국이다. 대답은 과거에 머물게 하고 질문은 미래로 열리게 하기 때문이다. 자기가 자기로 존재하는 독립적 주체성을 갖는 '질문하는 사람'은 자기 행위의 책임성이 자신에게 있으니 시민의식도 더 높을 수밖에 없다.

미국이나 캐나다의 초등학교를 가본 적이 있는데, 거기서는 우리나라처럼 칭찬을 하더라도 성적을 가지고 칭찬을 하는 일은 많지 않았다. 대신에 운동 잘하는 것, 남을 돕는 것 등등을 가지고 칭찬을 많이 하는데, 특히 "너 참 독특하다You are so unique"라는 칭찬을 매우 높이 치는 것 같았다. 이렇듯 독특함을 높게 인정받는 학교에서 자란 아이들과 성적만을 가지고 서열화하는 학교에서 자란 아이들은 다를 수밖에 없다. 이런 자신만의 독특한 특징을 근거로 자기 삶을 꾸리면 자기 주도적이 된다. 독특함보다는 일반적인 것, 누구나 다 공유하는 것을 통해서 자기 삶을 결정하면 자신이 자기 삶을 결정하는 것이 아닌 게 된다. 결국 자기 독립성이 취약해진다.

선진 시민이란 독립적 주체성에 대한 가치를 충분히 인정하고 자기 스스로 독립적 주체로 책임성 있게 존재하기를 갈망하는 사람이다. 이런 사람들의 비율이 많아지면 당연히 선진국이 된다. 반면에 자기 독립적 주체성보다는 '우리'가 함께 공유하는 가치에 자기 자신을 더 의탁하면 독립적 주체로 성장하는 길이 막힌다.

그런 사람들은 자기가 자기로 존재하지 않기 때문에 시민의식이 약할 수밖에 없다.

정리하자면, 선진국 수준의 삶을 만드는 선도력을 갖기 위해서는 '장르'를 만들 수 있어야 하는데, 이 장르의 창조를 가능하게 하는 것은 '질문'의 힘을 내면화하는 시민의식이다.

지 — 창의와 상상이 작동되는 지성적 차원

知

전략적인 높이에서 작동되는 '창의와 상상'의 힘,
이것이 지성적 차원이다.
선진적인 선도력은 여기서 구성된다.

'장르'의 탄생, 그것은 욕망의 변화를 담아내는 것

선진국에는 새로운 '장르'를 만드는 계통 자체가 이미 자리 잡혀 있다. 장르란 어떻게 만들어지는가? 거리를 누비고 다니는 자동차를 한번 떠올려보자. 과거에는 자동차를 보통 직선으로 디자인했다. 그런데 최근의 자동차는 주로 곡선을 많이 사용한다. 자동차 디자인이 왜 직선에서 곡선으로 바뀌었는가?

대부분의 사람들은 아마 공기저항, 에너지 절약, 유체역학 등의 개념들을 떠올릴 것이다. 이게 모범생들의 한계다. 모범생들은 알고 있는 것을 재빠르게 발산하는 재주는 있지만, 사태 속으로 직접 꿰뚫고 들어가는 힘은 좀 약하다.

자동차 디자인의 변화에는 유체역학보다 더 근본적인 이유가 있다. 왜냐하면 자동차가 직선 위주로 디자인될 때도 비행기 등에는 이미 유체역학이 적용되어 곡선을 많이 썼기 때문이다. 직선 자동차 이전에도 공기저항이나 에너지 절약 등은 이미 주요 주제였다. 그래도 자동차는 여전히 직선 위주로 디자인되었다. 그렇다면 자동차 디자인이 왜 곡선으로 바뀌었을까? 우리는 그 근본적인 이유를 찾아볼 필요가 있다.

그런데 그 이유란 게 의외로 단순하다. 더 멋있기 때문이다. 자동차 회사에서 자동차를 만드는 목적이 무엇이겠는가? 많이 파는 것이다. 그러려면 소비자의 욕망에 맞출 수밖에 없고, 이에 소비자가 점점 직선보다는 곡선을 더 좋아한다고 판단한 것이다.

바야흐로 인간의 욕망이 직선 선호형에서 곡선 선호형으로 이동하였다. 사람들이 이전에는 직선을 멋있게 생각했는데, 이제는 곡선을 멋있다고 보는 것이다. 당연히 디자인은 인간 욕망의 변화에 따라 바뀌어야 한다.

직선 선호형에서 곡선 선호형으로 이동하는 이와 같은 흐름을 우리는 인간의 동선이라고 표현한다. 직선에서 곡선으로 동선이 바뀌는 것을 인간이 그리는 무늬가 달라진다고 표현한다. 앞에서도 말했듯이 이 '인간이 그리는 무늬'를 한자로 '인문人文'이라고 표기한다.

그런데 인간의 욕망이 직선에서 곡선으로 이동한다는 시대적 추이가 보통의 시선을 가진 사람들한테는 보이지 않는다. 인식 능력이 보이고 만져지는 현상적 단계에 머물러 있어서 주로 '감각'에 의존하는 사람들에게 그것은 그냥 '없는 것'일 뿐이다. 이 흐름은 눈에 보이거나 만져지지 않고 다만 읽혀질 수 있을 뿐이다. 이것을 읽고 포착하는 능력을 지성 혹은 소피아라고 한다. 여기가 바로 문화, 예술, 수학, 철학이 작동하는 곳이다. 이 차원에서 세계의 흐름 혹은 세계의 진실을 관념으로 포착하는 것이 철학이다. "이제는 직선이 아니라 곡선이다"라는 이 판단이 바로 철학적 통찰이다.

사실 프랜시스 베이컨Francis Bacon*의 "아는 것이 힘이다"라는 선언도 바로 "이제는 직선이 아니라 곡선이다"라는 통찰의 베이컨식 형태일 뿐이다. "만물의 근원은 물이다"라는 탈레스Thales**의 판단도 "이제는 직선이 아니라 곡선이다"라는 통찰의 탈레스적 형태일 뿐이다. "하부 구조가 상부 구조를 구축한다"는 마르크스의 판단도 "이제는 직선이 아니라 곡선이다"라는 통찰의 마르크스식 형태일 뿐이다.

인간의 욕망이 직선에서 곡선으로 이동한다는 것을 관념으로 포착하고, 포착한 관념을 구체적으로 실현하면서, 드디어 곡선 디자인 자동차라는 새로운 장르가 등장한다. 그런데 이 곡선 디자인의 자동차는 어디서 시작되었는가? 우리나라 자동차 회사가 시작했는가? 아니다. 선진국 자동차 회사에서 시작하자 우리가 따라서 했다. 먼저 시작해서 다른 나라를 따라하게 만드는 능력을 선도력이라고 한다. 선도력이 선진국을 만든다.

자동차 디자인이 직선에서 곡선으로 바뀌는 것처럼 인간의 욕

* 1561~1626. 영국의 철학자이자 정치인. 영국 고전 경험론의 창시자로, 데카르트와 함께 근세 철학의 개척자로 알려져 있다.

** 기원전 624~545. 그리스 최초의 철학자이자 최초의 유물론 학파인 밀레토스 학파의 시조. 만물의 근원을 추구한 철학의 창시자로서 그 근원을 '물'이라고 했다.

망이 어디로 이동하는지, 인간이 그리는 무늬의 패턴이 어느 방향으로 가는지를 계속 꿈꿔보는 일, 이것이 '상상'이다. 그리고 이렇게 계속 꿈꿔보다가 더 이상 직선이 아니라 곡선이라고 판단하는 일, 이것이 '통찰'이다. 통찰이 일어나도록 새로운 빛을 향해 계속 나아가려는 의지를 '창의'라고 한다. 상상이나 창의도 아무 때나 나오지 않고 '지성'의 활동성이 어느 정도의 위치에 도달해야 비로소 발휘된다.

여기서 지성을 꼭 지식의 양과 관련되는 어떤 것으로 생각할 필요는 없다. 지식의 양이 많지 않아도 시선의 작동이 어떤 높이에 도달하면 발휘될 수 있다. 문제는 '높이'다.

선진국에서는 바로 이런 창의와 상상이 도처에서 발휘된다. 질문이 활발하게 일어나는 것과 같다. 창의와 상상이 일어나는 높이에서 세계를 포착한 결과가 관념이고, 이는 '곡선'과 같은 '개념'으로 표현된다. 선진국에서 '개념'을 포착하면 후진국에서는 그 '개념'을 수용한다. 그리고 선진국에서 '개념(관념)'을 구체화해서 장르를 만들면, 후진국은 그 장르를 채워준다.

선진국이 장르를 기반으로 해서 선도력을 행사하면, 후진국은 열심히 따라간다. 그래서 선진국은 선진하고 후진국은 뒤따른다. 따라서 선진국의 움직임은 전략적이지만, 후진국의 움직임은 전술적일 수밖에 없다.

그렇다면 과연 우리는 지금 어디에 있는가? 우리는 지금 당장 무엇을 해야 하는가?

‘인간이 그리는 무늬’, 그 시대의 흐름을 읽다

나는 박물관이나 갤러리를 자주 가지 않았었다. 가서도 재미를 느끼지 못했기 때문이다. 왜 재미를 느끼지 못했을까? 그것은 박물관이나 갤러리의 높이와 내 시선이 일치하지 않기 때문이다.

어떤 것이 발산하는 높이와 보는 사람의 시선이 일치하지 않으면 거기서 재미가 생길 수 없다. 일치해야만 비로소 재미가 생긴다. 무엇을 즐긴다는 것은 그것이 발산하는 높이와 자신의 시선이 일치한다는 뜻이다.

박물관이나 갤러리는 인간의 지성을 성장시키는 데 중요하고, 또 성장된 지성의 높이를 가져야만 즐길 수 있다. 나 또는 이를 알고 난 후부터는 일삼아 다니기 시작했고, 그러다 보니 이제는 조금이나마 즐길 수 있게 되었다.

선진국에 가보면 많은 사람들이 박물관이나 갤러리를 자주 다니는 것을 볼 수 있다. 나는 캐나다와 미국에서 잠깐씩 살아봤는데, 그곳에서는 연말이 되면 시민들이 박물관이나 갤러리의 일 년 회원권 혹은 가족 회원권을 사려고 애쓴다. 그만큼 박물관이나 갤러리를 자주 이용한다는 뜻이겠다. 그 기억을 가지고 한국에 돌아온 직후, 주요 박물관이나 갤러리에 문의해보았는데, 일 년 회원권이나 가족 회원권을 파는 곳은 없었다. 우리나라 사람들은 박물관이나 갤러리를 그렇게 자주 가지 않는다는 뜻이다.

선진국 사람들은 박물관이나 갤러리를 왜 자주 갈까? 두말할 것도 없이 재미있으니까 자주 간다. 그럼 우리는 박물관이나 갤러리를 왜 자주 가지 않을까? 재미를 느끼지 못하기 때문이다. 그럼 박물관이나 갤러리에서 재미를 느낀다는 것은 무엇을 뜻하는가? 그곳에서 재미를 발견하는 시선을 가지고 있다는 뜻이다. 재미를 느끼지 못하는 것은 그곳에서 재미를 발견할 시선이 준비되지 않았기 때문이다.

박물관에 갔을 때 사람들의 감상법은 대개 이렇다.

"야, 이 유물 참 좋다. 옛날 사람이 어떻게 이걸 만들었을까?"

"이건 지금 사용해도 될 정도네."

보통은 유물들 하나하나를 보고 평가하거나 감탄한다. 그런데 박물관 자체가 갖는 높이를 포착하고 거기서 재미를 느낄 정도의 수준에 있는 사람들은 눈에 보이는 유물들 하나하나에 시선이 머무르는 일로 끝나지 않는다. 유물들 하나하나를 보고 감탄하면서, 종국에는 그 유물들 하나하나를 가능하게 한 그 시대 그 문화권 사람들의 동선을 읽는다. 그 사람들이 어떻게 움직였는지, 그 움직임의 패턴을 찾아 읽는 것이다. 그것을 문화라고 할 수 있을 것이고, 그곳이 바로 '인문'이 자리하는 곳이며 인간의 동선, 인간이 그리는 무늬가 보이는 곳이다.

유물들 하나하나는 눈에 보이고 만져지지만 그 유물들을 가능하게 하는 인간의 동선은 눈에 보이거나 만져지지 않는다. 다만 읽혀질 수 있을 뿐이다. 눈에 보이지도 않는 이것을 읽을 수 있는 능력, 이것 때문에 인간은 특별해질 수 있다. 이것이 바로 탁월함을 잉태한다. 인간의 움직임이 만들어낸 패턴을 읽는 능력 때문에 인간은 탁월해지는데, 이것을 읽은 사람들은 그 내용을 표현하고 싶어 한다. 그 표현들이 인문학이 되기도 하고 예술이 되기도 한다.

인간의 동선, 즉 인간이 그리는 무늬를 파악한 다음에 언어의 수사적 기법을 사용해 감동을 생산해내고, 그 감동을 매개로 그것을 알게 해주려는 시도가 바로 문학이다. 사건들의 유기적 연관을 통해서 그것을 알게 해주려 하면 사학이 된다. 세계를 관념으로 포착하여 그 관념들의 유기적 연관을 통해서 알게 해주려는 노력, 바로 철학이다. 그것을 색으로 표현하면 미술이 되고, 소리로 표현하면 음악이 된다. 형상적인 다양한 방법으로 그것을 알려주려는 시도가 바로 예술이다.

앞에서 이야기했듯이 인간의 욕망이 직선에서 곡선으로 이동하는 것, 이것은 절대 보이지 않는다. 다만 지성적 수준에 있는 사람이 그 높이의 사유 능력으로 읽어낸다. 마찬가지로 박물관에서 유물들 하나하나를 보고 감탄하는 단계를 넘어서 지성을 작동시켜 인간의 동선, 그 문화를 읽을 수 있는 일도 바로 그 높이에 있는 사람에게만 가능하다. 이런 사람은 박물관이나 갤러리에서 즐거움을 느낄 수 있다.

이 정도의 시선이라야 선도력을 발휘한다. 선도력이 생기지 않는 것은 이 시선의 높이에서 세계와 관계하는 능력이 없기 때문이다. 이것이 우리가 철학을 해야 하는 중요한 이유 가운데 하나다.

탁월한 인간, 바로 '예술가'

피아노를 잘 치는 사람을 피아노 연주자(피아니스트)라고 한다. 피아노 연주자는 피아노가 가진 기능을 잘 다루고 표현한다. 그런데 피아노 연주자가 피아노의 기능을 잘 구현하다가 더 이상 구현할 것이 없는 단계에 이르면, 피아노를 포함한 '더 넓고 높은' 세계로 상승한다. '더 넓고 높은' 세계에 바로 음악의 이론과 체계가 있다.

이제 이 피아노 연주자를 음악가(뮤지션)라고 불러야 한다. 피아노 연주자가 피아노가 가진 기능을 완벽하게 구현한 다음 음악가의 단계로 상승했다.

이 음악가가 음악의 이론, 음악의 체계를 완벽하게 구현하고 구현하다가, 더 이상 구현할 것이 없게 되면 음악 전반을 포함하는 '더욱 더 넓고 높은' 단계로 훌쩍 상승한다. 그래서 이 사람은 음악 활동을 통해서 음악 이론이나 체계를 구현하는 데 머무르지 않고 자유, 죽음, 슬픔, 영웅, 운명 등과 같은 주제를 말하기에 이른다. 이제 '인간'에 대해서 말하는 것이다. 문명의 방향을 제시하고, 인류의 본질을 새로 규정하고자 덤비는 것이다. 이 단계에 이른 사람을 우리는 예술가(아티스트)라고 부른다.

식사하러 어느 식당에 가서 김치찌개를 주문했다고 하자. 김치찌개가 나와 그 국물을 한 모금 떠먹어보고 더 이상의 맛은 있을 수 없겠다는 생각이 들 때, 우리는 감탄하면서 한마디 한다.

"야, 이 김치찌개 예술이다."

"이 김치찌개 아트다."

이렇게 말하지 않는가? 김치찌개가 '예술적이다' '아트다'라는 말을 들을 수 있으려면 그것은 유일하고 고유하며 가장 탁월한 단계, 가장 높은 단계로 상승해 있어야 한다.

예술가가 인간에 대해 한 이야기가 그 예술 작품에 들어 있는 메시지다. 이렇게 해서 예술가는 단순히 형상화의 능력을 가진 기능인이 아니라 문명의 깃발로 우리 앞에 우뚝 선다. 이제 보통 사람들은 예술가가 표현한 문명의 지표에 동의하고 감탄하면서, 예술가가 열어주는 새로운 길을 바라본다.

피아노 연주자, 음악가, 예술가, 이렇게 세 단계로 나눠놓고 보면 피아노 연주자에서 음악가까지의 간격과 음악가에서 예술가까지의 간격이 거의 비슷하거나 동일할 것이라고 생각하기 쉽다. 하지만 이것은 착각이다. 만약 피아노 연주자에서 음악가까지 올라가는 난이도가 '5' 정도 된다고 한다면, 음악가에서 예술가로 올라가는 난이도는 대략 '5만' 정도 될 것이다. 예술가로 올라서는 일은 그만큼 어렵다.

왜 그런가? 피아노 연주자에서 음악가 수준까지는 사실상 이미 있는 피아노의 기능, 이미 있는 음악 이론, 이미 있는 음악 체계를 구현하는 단계다. 이미 있는 길을 갈 뿐이다. 그런데 예술가는 아직 없는 길을 열어야 한다.

이미 있는 것을 따라하거나 재생하는 일은 탁월한 활동일 수 없다. 문명의 지표가 될 수 없다. 선도력을 가질 수 없다. 탁월함의 표현인 예술은 아직 오지 않은 빛을 먼저 끌어당기는 일일 수밖에 없다. 예술이란 이미 있는 길을 익숙하게 걷는 현재의 장소에 없는 길을 새로 열면서 가는 단계다. 없는 길을 여는 단계와 이미 있는 길을 가는 단계는 차원이 다르다.

없는 길을 여는 일은 매우 어렵다. 그런데 인간에게는 이 어려운 일을 할 수 있도록 준비된 능력이 있다. 바로 상상력과 창의력이다. 상상력과 창의력은 아직 열리지 않은 길을 열 수 있도록 인간에게 구비된 힘이다. 상상력이나 창의력도 아무 곳에서나 나오는 것이 아니라, 음악가 상위 수준에서 예술가로 올라가려고 발버둥을 칠 때 비로소 발휘된다.

상 — 국가 발전의 단계

峠

스스로 사유하지 못하고
다른 사람이 한 사유의 결과들로 자신을 채우면,
그것은 노예적 삶이다.
철학적으로 사유한다는 것은 노예적 삶에서 벗어나
자유로운 독립을 이루는 여정에 나선다는 뜻이다.

중진국 패러다임에 갇힌 대한민국

국가의 수준은 보통 후진국, 중진국 그리고 선진국으로 나눈다. 이렇게 나누면 보통 후진국에서 중진국까지의 간격과 중진국에서 선진국까지의 간격이 엇비슷할 것이라고 생각하기 쉽다.

하지만 이것도 착각이다. 후진국에서 중진국으로 올라서는 난이도가 '5' 정도 된다면, 중진국에서 선진국으로 올라서는 난이도는 '5만' 정도다. 그만큼 어렵다. 앞에서 언급한 피아노 연주자, 음악가 그리고 예술가의 단계와 유사하다.

왜 그런가? 중진국 수준까지는 선진국에서 열어놓은 길을 따라가기만 하면 된다. 선진국에서 포착한 '관념(개념)'을 따르고, 선진국에서 만든 장르를 채워주고, 선진국에서 발휘하는 선도력을 따라간다.

중진국까지의 수준은 있는 길을 가는 단계다. 이미 있는 이 길은 당연히 선진국에서 열어놓았다. 이렇듯 이미 있는 길을 가는 단계와 없는 길을 여는 단계에는 큰 차이가 있다. 그래서 선진국과 후진국 사이의 교체란 패러다임이 정해져 있는 조건 속에서라면 거의 불가능할 정도로 어렵다. 발휘하는 시선의 높이가 다르기 때문이다.

다시 앞의 도사 이야기로 돌아가보자. 그 도사는 철학이 왜 국가 발전의 기초가 된다고 말했겠는가?

그 말인즉 국가 발전은 철학적 시선이 있어야 도달할 수 있는 차원이라는 것이다. 그 철학적 시선에 도달하는 과정에서 상상력이나 창의성이 발현된다. 상상력이나 창의성이 발현되는 높이의 시선, 그것이 지성적 시선이고, 그 지성적 시선으로 세계를 보는 방식이 바로 철학이다.

우리는 지금 중진국 상위 수준에 도달한 이후 더 높은 단계로 상승하지 못하고 거기에 갇혀 있는 형국이다. 거의 모든 분야가 선진국 수준으로 진입하느냐 진입하지 못하느냐 하는 경계선에 있다. 이 상황에서는 지금 우리가 어디에 서 있는지를 각성하고, 선진국으로 진입할 수 있는 목표를 설정하고 거기에 매진해야 한다. 그렇게 하면 상승하겠지만, 그렇지 못하면 정체하거나 퇴보할 수밖에 없다.

한 나라가 발전한다는 것은 사회 경제적 조건에 맞는 이상(비전, 어젠다)을 설정하고, 그 이상을 향해서 온 국민이 비교적 합치된 힘으로 뭉친다는 뜻이다. 이때는 지성적 능력을 발휘해서 그 사회 경제적 조건에 맞는 목표를 설정하는 일이 가장 중요하다. 우리나라는 세계가 놀랄 정도로 빠른 발전을 이뤘다. 그것은 분명히 우리가 현실적 요구에 맞는 목표를 설정하고 거기에 매진했음을 의미한다. 즉 우리나라의 현실적인 단계와 그 현실을 포착한 관념이 일치했다는 것이다. 그럴 수 있을 때 사회는 효율성을 극대화하고, 그럼으로써 비로소 발전할 수 있기 때문이다.

우리나라는 36년 동안이나 다른 나라의 지배를 받으며 식민지로 살다가 1945년에 해방을 맞았다. 해방을 맞이한 나라로서 해야 할 가장 중요한 문제, 즉 국가적인 목표는 누가 뭐라 해도 건국(정부수립)을 완수하는 일이다. 당시 대한민국의 현실적 조건에서 빚어져야 하는 최고의 목표는 바로 건국(정부수립)이다.

'건국(정부수립)'이라는 목표를 완수하는 과정에 수없이 많은 갈등과 소란과 소음들이 있었다. 그래도 어쨌든 우리에게 허용된 제반 조건들과 투쟁하고 그것을 소화하면서 우리는 그 목표를 완수했다. 이것을 부정적으로 보거나 비판적으로 볼 수도 있고 또 누군가에게는 이런 과정이 맘에 들지 않을 수 있지만, 우리가 건국(정부수립)이라는 목표를 실현하는 데 성공한 것만은 사실이다. 이로써 대한민국은 독립국가가 되었다.

그럼 이 독립국가가 해야 하는 가장 중요한 일은 무엇이겠는가? 무엇보다도 빈 창고를 채우는 일이 가장 시급했다. 창고가 가득 차야 정치도 성숙되고, 문화도 일어나고, 국방도 튼튼해질 수 있기 때문이다. 독립국가로서 우선 물적 토대를 튼튼히 해야 한다는 판단은 당시의 현실적 상황과 일치했다. 바로 산업화다.

산업화를 추진하는 과정에서도 수없이 많은 소음과 소란이 있었다. 그래도 우리는 산업화를 이뤄냈다. 산업화가 필요했던 사회 경제적 조건과 산업화라는 목표가 일치했던 것이다.

산업화란 무엇인가? 구체적으로는 경제 발전인데, 당시 상황에서 그것은 특히 공업화와 도시화를 의미한다. 당시 상황에서는 도시화와 공업화가 이른바 진보였고 더 효율적이었다. 산업화는 크게 두 가지로 진행된다. 농촌이 도시로 바뀌고, 농업이 공업으로 이행한다.

이 두 가지가 잘 진행되어 산업화가 완숙기에 접어들어가면 사회를 주도하는 계급도 달라질 수밖에 없다. 이전에 농업을 중심으로 하는 농촌 경제에서 주도권을 행사하던 계급이 점차 도시를 중심으로 하는 공업 경제에서 주도권을 행사하는 계급으로 대체되는 현상이 나타난다.

이런 이행 현상은 필연적일 뿐만 아니라 또 정상적이기까지 하다. 사회를 주도하는 경제가 달라지면 주도하는 계급이 달라질 수밖에 없고, 그런 상황에서는 반드시 새로운 정치적 조정이 있어야 한다. 이 모든 것은 주도 계급의 이동에서 비롯된 일이다. 바로 '민주화'다.

이렇게 보면 우리나라는 그때그때에 맞는 이상을 잘 설정하고, 많은 우여곡절 속에서도 그것을 비교적 잘 완수했다. 이 '완수'의 결과를 다른 말로 '발전'이라 한다. 우리나라는 건국(정부수립)에서부터 산업화를 거쳐 민주화에 이르기까지 현실의 조건과 거기서 형성된 국가 목표가 일치하면서 착실히 전진했다.

보이지 않는 '선진화의 벽'을 넘는 게 우리의 과제

문제는 지금부터다. 누가 보더라도 우리나라는 벌써 정체가 시작되었다. 모든 분야가 다 한계를 느끼고 있다. 이미 후퇴가 진행되고 있는지도 모르겠다. 나라가 한계를 느끼거나 정체되어 있다면, 문제는 분명하다. 그 나라를 끌고 갈 꿈과 이상이 설정되지 못했거나 설령 설정되었다고 해도 현실적인 요구와 일치하지 않은 것이다.

무엇보다도 우리는 이상을 설정하는 데 실패하고 있다. 건국-산업화-민주화 단계까지는 순조롭게 왔는데, 민주화 다음 단계의 목표 설정에는 아직까지 성공을 하지 못하고 있다. 그렇다면 민주화 다음 단계는 무엇이어야 하겠는가? 우리의 입장에서 그것은 두말할 필요도 없이 선진화다. 우리가 앞에서 누누이 이야기한 문화적이고 철학적이며 예술적인 차원의 시선이 주도권을 발휘하는 단계 말이다.

그렇다면 우리는 왜 선진화라는 목표를 설정하는 과업에서 아직 성공하지 못하는 것인가? 그것 자체의 난이도가 높기 때문이다. 우리에게는 버거운 일이다. 건국이나 산업화나 민주화는 과제 자체가 눈에 보이고 매우 구체적이다. 선진국들이 이미 한 경험을 통해서 우리에게 비교적 구체적으로 알려질 수 있다. '따라하기' 단계인 것이다. 그래서 그것을 목표로 설정하고 힘을 모으는 것이 불가능에 가까울 정도로 어렵지는 않다. 우리 앞에 이미 '선례'가 있기 때문이다.

그런데 선진화는 목표 자체가 구체적으로 드러나기 어렵다. 그것이 문화적이고 철학적이고 예술적인 시선을 구체화시키는 것이기에 그렇다. 그것은 선도력을 형성하는 일이고 세계의 흐름을 관념의 높이에서 포착하는 일이다. 이 선진화라는 목표를 채우는 내용은 눈에 보이지도 않고, 만져지지도 않고, 구체적이지도 않아서, 현실로부터 벗어나 상당히 먼 거리에 있는 것처럼 보인다. 그러니 누군가를 설득하기도, 힘을 모으기도 쉽지 않다.

사실 우리나라뿐만 아니라 다른 나라들 가운데도 산업화를 거쳐 민주화 단계까지 나아간 경우들이 있다. 하지만 그중에서 선진국 진입에 성공한 나라를 찾기란 쉽지 않다. 중진국까지는 나아가지만 선진국으로 진입하는 일은 난이도가 매우 높다. 왜 그런가? 민주화까지는 매우 구체적인 단계인데, 민주화 다음의 선진화는 목표는 구체적이지 않아서 지성적 높이에서라야 인식될 수 있기 때문이다. 우리는 지금 투명한 벽 앞에 서 있다. 그것은 철학적 시선으로만 넘을 수 있는 벽이다. 지성적이고 문화적인 높이로만 넘을 수 있는 벽이다. 이런 연유로 우리는 민주화 다음의 벽을 포착조차도 못 하고 있는 실정이다.

이 상황이 현실 속에서는 사회 갈등이나 혼란으로 표출된다. 건국–산업화–민주화를 직선적으로 완수한 탄력으로 바로 선진화로 진입했어야 했는데, 그러지 못하고 정체를 알기 힘든 투명한(추상적인) 벽 앞에 서서 당황하고 있다. 그 벽에 막혀 민주화 세력과 산업화 세력, 심지어는 건국 세력까지 뒤엉켜 있는 형국이다.

건국 세력은 건국할 때의 틀로, 산업화 세력은 산업화의 틀로, 민주화 세력은 민주화의 틀만 가지고 서로 자기가 옳다고 아귀다툼하고 있을 뿐이다. 이 아귀다툼을 우리는 '혼란'이라고 한다.

건국의 틀도, 산업화의 틀도, 민주화의 틀도 이제는 모두 낡았다. 각자 자기 틀에 갇혀서 낡고 병든 것을 모르기 때문에 서로 핏대를 세우고 목소리를 높인다. 자기 틀로만 세계를 볼 줄 알지, 유동적 세계 안에서 미래를 향한 목표를 설정하는 지성적 능력을 보일 줄 모른다. 누구든 신념화된 자기 소리만 계속 해대는 사람은 일단 지적이지 않다. 이런 사람들에게 현혹되면 안 된다.

이제는 썩은 틀들을 폐기 처분unlearning해야 한다. 노자의 말을 빌리면 '무위無爲'해야 한다. 그래서 선진화라는 새로운 목표를 구축하고 이 시대를 건너가야 한다. 이 정도로만 살다 갈 수는 없다. 시간적으로 가장 가까운 민주화 세력들도 민주화의 신념과 방법으로만 버틴다면, 그들이 비판하는 산업화나 건국 세력과 다를 바 없이 썩은 깃발일 뿐이다. 다음 목표를 위해 자기 탈피를 못하는 사람은 누가 되었든 역사를 정체시킬 뿐이다.

공을 이루었으면 그것을 차고 앉아 거기에 머물려 하지 마라.
(공성이불거功成而不居)

자기가 이룬 공功을 차고 앉아 거기에만 머무르려 하거나, 그 공을 이룰 때 사용했던 방법만을 고집하려 하지 말라는 노자의 경고

다. 그것은 찌질이들이나 하는 짓이다. 역사를 끌고 밀고 나아가야 하는 영웅은 공을 이룬 다음에 바로 다음 공을 향해 나아가는 동적인 태도를 보인다. 하지만 지금 우리는 시대를 건너가려는 꿈을 꾸기보다는 각자의 틀로만 무장하여 싸우느라 앞을 보는 눈과 진정한 용기를 잃어버린 것은 아닌지…, 매우 걱정스럽다.

철학, 가장 높은 수준에서 발휘하는 생각

지금까지 나는 '철학은 무엇'이라고 정의하려 애쓰지 않았다. 다만 철학적이라는 것이 역사 속에서 우리에게 어떤 의미를 갖는지, 그다음에 철학적인 시선이 현실적으로 어떻게 작동하는지를 말한다. 우리는 흔히 철학 이론을 습득하는 것을 철학하는 것으로 착각한다. 데카르트나 칸트나 공자가 남긴 이론을 열심히 습득해서 그들이 한 주장의 내용을 전부 이해하고 숙지하고서는, 자신이 스스로 철학을 했다고 생각하는 것이다. 철학은 이전의 철학자들이 남긴 체계적 이론을 습득하는 일이 아니다. 철학은 이미 있는 철학적 지식을 저장하는 데에 빠지지 않고, 그 철학적 이론이 생산될 때 사용되었던 그 높이의 시선에 함께 서보는 일이다.

철학은 고도의 지성적 시선으로 사유 활동을 하는 것이지, 다른 사람이 해놓은 사유 활동의 결과들을 습득하는 것이 아니다. 다른 사람이 해놓은 생각의 결과들을 배우는 이유는 그 과정을 통해서 내 스스로 생각할 수 있는 힘을 기를 수 있기 때문이다. 우리가 이미 존재하는 철학적 지식을 습득하는 것을 철학으로 아는 것은 마치 박물관에 가서 유물들 하나하나를 보고 감탄하는 것에 멈추는 일과 같다. 하지만 높은 차원에서 제대로 작동하는 지성은 그렇지 않다. 유물들 하나하나를 보고 감탄하면서 동시에 그것들을 넘어서서 그 유물들의 존재를 가능하게 했던 인간의 동선, 문화적 흐름 등을 읽는 데까지 상승한다.

철학적 지식도 칸트의 것이든, 데카르트의 것이든, 헤겔의 것이든, 플라톤의 것이든, 우리한테는 유물이다. 달을 가리키는 손가락이다. 우리가 남겨진 철학적 지식들을 습득하는 일은 손가락을 보고자 함이 아니라, 손가락의 지시를 따라 달을 보려는 것이다. 결국 자신만의 달을 가지는 일이다. 달에 대한 자신만의 이야기를 만드는 일이다.

중요한 것은 그 지식들을 통해서 우리가 도달해야 하는 바로 그 지점이다. 그곳이 어디겠는가? 플라톤이 자신의 철학적 이론을 남길 때 작동시켰던 그 사유의 차원, 그 사유의 높이다. 데카르트를 공부하는 목적은 그의 이론과 그의 지식이 아니라 데카르트가 그런 철학적 지식을 남길 때 사용했던 그 사유의 높이에 나도 도달해 보는 것이다. 칸트를 공부하는 목적은 칸트의 정밀한 이론에 감탄하고 그것을 현실에 적용하는 것이 아니라, 그 치밀하고 큰 스케일의 철학을 세울 때 칸트가 운용했던 사유의 높이에 내가 도달하는 것이다. 결국 칸트나 플라톤이나 공자와 동등한 높이에 우뚝 선다.

칸트나 플라톤을 '숭배'하는 것은 철학자로 성장할 사람의 태도가 아니다. 우리는 최소한 플라톤 옆에 비스듬하게라도 함께 서는 일을 꿈꿔야 한다. 최대한 당당한 자세로, 언뜻 보면 건방져 보이기까지 한 자세로 말이다.

철학은 '시대'라는 현실적 맥락 속에 살아 있는 것

철학은 추상화된 고도의 관념들로 구성된 이론 체계다. 그런데 그 고도의 관념 체계는 사실상 그 당시의 구체적인 현실에서 길어 올려졌다. 철학사를 다루는 거의 모든 저술에서는 탈레스를 최초의 철학자로 든다. 탈레스는 "만물의 근원은 물이다"라는 주장으로 최초의 철학자가 되었는데, 그렇다면 정말로 만물의 근원이 물일까? 사실 만물의 근원이 정말로 물인지 아닌지는 지금 우리에게 그렇게 중요하지 않다. 다만 탈레스가 이 주장을 한 바로 그 사건이 중요할 뿐이다. 탈레스의 주장이 '최초'라면 그것이 그 이전에 나온 주장들과 전혀 달랐을 것이다.

탈레스가 물이라고 주장하기 전에 그리스인들은 과연 만물의 근원을 무엇이라고 했겠는가? 바로 '신神'이었다. 당시 모두가 만물의 근원을 신이라고 할 때, 탈레스만 거기서 이탈해 만물의 근원을 물이라고 했다. 그런데 탈레스가 고독하게 혼자서 만물의 근원을 물이라고 주장할 때, 신의 계시나 기존의 믿음에 의존했는가? 아니면 스스로 생각해냈는가? 당연히 스스로 생각해냈다. 스스로 생각해냈다는 이 점으로 탈레스는 최초의 철학자가 되었다. 모두들 만물의 근원을 신이라고 '믿을' 때, 탈레스는 만물의 근원을 물이라고 '생각'했다.

그렇다. 철학은 믿는 것이 아니라 생각하는 것이다. 탈레스가 최초의 철학자인 이유는 인간 가운데 탈레스가 최초로 믿음에서 이탈하여 비교적 근본적이고도 높은 수준에서 생각을 했기 때문이다. 만물의 근원을 신이라고 믿던 시대에는 신들이 주도권을 잡았고, 그 신들의 이야기가 매개자를 통해 인간에게 전달되었다. 인간은 그것을 두려움 속에서 믿으며, 그 속에서 계시를 발견하려고 애썼다. 이때 신들의 이야기는 '신화' 속에 담겼다. 탈레스는 신들의 계시나 믿음에서 이탈하여 '생각'을 함으로써 '신화'에서 이탈했다. 비로소 '철학'이 시작되었다. 그래서 우리는 탈레스를 최초의 철학자, 철학의 아버지라고 부른다.

탈레스는 믿음의 세계에 갇혀 있던 인간에게 생각의 세계로 이동하는 길을 열어주었다. 신의 지배하에 있던 인간에게 자기 스스로의 세계를 열도록 부추겼으며 신화에 갇혀 있던 인간에게 '철학'이라는 광명을 보여주었다. 그것도 최초로 말이다. 역사의 책임성을 신에게 미루던 인간들이 이제 스스로 역사의 책임자로 등장하였다.

탈레스가 살던 그리스에서는 인구가 증가하고 상업이 발달해 정치적 형태가 도시국가로 재편되면서, 인간이 신에 대한 믿음에 의존하기보다는 독립적인 사유 능력으로 무장하여 역사의 책임자로 등장하였다. 역사의 주도권이 신의 명령에서 인간의 독립적인 활동성으로 옮겨온 것이다. 탈레스는 이 시대적 요구에 반응한 사람이었다. 최초의 철학자라는 것은 시대의 방향을 알려준 최초의 깃발이라는 뜻이다.

"아는 것이 힘이다"라는 격언은 베이컨의 주장을 근거로 만들어졌다. 베이컨이 직접 "아는 것이 힘이다"라고 말하지는 않았지만, 그의 사상은 충분히 이렇게 정리될 수 있었다. 그는 분명히 "지식 그 자체가 힘이다"라고도 했고, "인간의 지식과 힘은 일치한다"라고도 했다. 자연을 지배하는 인간의 힘은 자연에 대한 인간의 인식이 결정한다고 했다.

베이컨 역시 철학적인 높이에서 그 시대를 포착함으로써 "아는 것이 힘"이라는 개괄을 할 수 있었다. 베이컨 이전의 시대, 즉 중세, 심지어는 르네상스까지만 해도 인간의 힘은 모두 신의 은총에 의해서 결정되는 것으로 믿었다. 신으로부터 은총을 크게 받은 사람은 강한 힘을 가지고 살았고, 신의 은총을 적게 받은 사람은 낮은 지위에서 살았다. 그런데 이제는 세상이 바뀌었다. 르네상스를 지나 과학이 점점 득세하는 근대로 접어들면서 인간의 힘은 더 이상 신의 은총에 의해 결정되지 않고 과학적인 지식이 결정하는 시대로 들어섰다. 베이컨은 시대의 핵심을 포착해서 이제 '은총'이 아니라 '지식'이 중요한 역할을 하는 시대로 진입한다는 깃발을 먼저 들었을 뿐이다. 신의 은총이 지배하던 사회에서 인간의 인식이 지배하는 사회로 이동하는 흐름을 보고 베이컨은 "아는 것이 힘"이라는 철학적 개괄을 먼저 한 것이다.

철학은 구체적인 현실 속에서 발생한다. 그래서 항상 시대의 자식으로 태어난다. 모든 철학은 그 시대를 관념으로 포착해서 고도의 추상적인 이론으로 구조화한 체계다. 하나의 철학이 생산될 때에는 구체적인 현실과 추상적인 이론이 함께 붙어 있다. 그런데 그것이 수입될 때는 시대적 맥락은 사라지고 추상적인 이론으로만 들어온다. 특히 우리에게는 그 현상이 더욱 심하다. 그렇다 보니 우리는 보통 시대적 맥락이 탈각된 추상적 이론만 붙들고 있으면서 그것을 바로 철학으로 생각해버린다. 그러다가 철학자가 되지 못하고 전도사가 되어버린다. 공자를 공부한 사람은 공자 전도사가 되고, 노자를 공부한 사람은 노자 전도사가 되며, 칸트를 전공한 사람은 칸트 전도사가 되고, 헤겔을 공부한 사람은 헤겔 전도사가 된다.

하지만 철학을 공부하는 일은 누군가의 전도사가 되려는 것이 아니다. 앞에서 탈레스나 베이컨의 예에서 보았듯이 철학자는 기본적으로 기존의 정해진 것들과 결별하는 독립적인 자세가 있어야 한다. 철학은 새로운 개념을 창조하는 일이고, 문명의 깃발이 되는 일이고, 인간에게 새 빛을 끌어다주는 일이기 때문이다.

이 모든 일은 앞선 것을 숙지하는 태도로는 이루어지지 않는다. '시대'라고 하는 구체적 현실을 터전으로 해서 독립적으로 사유함으로써만 가능하다. 시선을 한곳으로 고정해버리는 확정적인 이론보다 변화무쌍하게 흐르는 시대의 구체성에 집중할 때, 시선은 비로소 앞을 향할 수 있다. 우리가 배우는 앞선 철학자들은 모두 다 이렇게 했다.

다시 한번 강조하자면, 철학적 높이에 도달한다는 것은 가장 높은 차원에서 시대를 관념으로 포착하는 일이지 관념으로 포착해낸 결과들을 숙지하는 것이 아니다. 고도의 지성을 발휘하는 단계로 올라서도록 자신을 훈련시키는 것이 철학의 활동이지 이미 훈련된 결과들을 금과옥조처럼 품어 안는 것이 아니다.

철학은 현실 세계를 스스로 읽을 줄 아는 힘

이제 철학(생각)을 수입하는 나라의 한계를 벗어나야 한다. 생각이나 사유의 결과들을 수입해서 살았던 습관을 이겨내고, 스스로 사유의 생산자가 되는 길을 열어야 한다. 사유의 결과를 배우는 단계를 넘어서서 사유할 줄 아는 사람이 되어야 한다.

스스로 생각하지 못하고 다른 사람이 생각한 결과들을 숙지하는 것으로만 자기 삶을 채우면 다른 사람의 생각을 전파하고, 대신해주는 삶밖에 살 수 없다. 이는 종속적인 삶이다. 종속적인 삶을 살아서 오를 수 있는 가장 높은 단계가 바로 중진국 정도다.

이미 중진국 수준에는 높은 단계로 도달했으니 이제 선진국으로 진입하는 문을 열어야 한다. 사유의 수용자가 아니라 생산자가 되어야 한다는 뜻이다. 철학적이고 문화적인 시선으로 무장해야 한다는 뜻도 된다. 이것이 바로 우리가 지금 단계에서 철학을 공부하는 진정한 이유다.

이 대목에서 독립운동가 단재丹齋 신채호申采浩 선생이 1925년 1월《동아일보》에 발표한 "낭객의 신년만필"이라는 글을 본다.

이해 문제를 위하여 석가도 나고, 공자도 나고, 예수도 나고, 마르크스도 나고, 크로포트킨도 났다. 시대와 경우가 같지 않으므로 그들의 감정의 충동도 같지 않아 그 이해 표준의 대소 광협은 있을망정 이해는 이해이다. 그의 제자들도 본사本師의 정의精義를 잘 이해하여 자가의 리利를 구하므로 중국의 석가가 인도와 다르며 일본의 공자가 중국과는 다르며, 마르크스도 카우츠키의 마르크스와 레닌의 마르크스와 중국이나 일본의 마르크스가 다름이다.

우리 조선 사람은 매양 이해 이외에서 진리를 찾으려 하므로, 석가가 들어오면 조선의 석가가 되지 않고 석가의 조선이 되며, 공자가 들어오면 조선의 공자가 되지 않고 공자의 조선이 되며, 무슨 주의가 들어와도 조선의 주의가 되지 않고 주의의 조선이 되려 한다. 그리하여 도덕과 주의를 위하는 조선은 있고, 조선을 위하는 주의와 도덕은 없다. 아, 이것이 조선의 특색이냐. 특색이라면 특색이나 노예의 특색이다. 나는 조선의 도덕과 조선의 주의를 위하여 곡하려 한다.[8]

신채호 선생은 식민성을 비주체성 혹은 비독립성과 직접 연관시켰다. 외부의 생각이 우리에게 들어와 주인 행세를 하면 우리는 이미 주인이 아니다. 우리의 생각이 우리에게서 생산될 때라야 우리는 비로소 스스로 주인이 된다. 스스로 사유하지 않은 채 사유의 결과들을 받아들이기만 하고 그 사유의 전도사로 살면, 그것이 바로 노예의 삶이다. 철학적 단계로 사유를 상승시키면 노예적 삶에서 벗어나 자유로운 독립을 이룰 수 있다.

철학을 이야기하면서 선진국, 후진국을 이야기하고 국가 발전과 연결시키니까 이게 정말 철학인가 하고 생각할 수도 있을 것이다. 우리나라 사람은 특히 그렇다. 그런데 나는 지금 철학의 내용 자체에 대한 이야기를 하기보다는 철학적인 사유의 높이에 대해서 이야기하고 있다는 것을 다시 한번 상기시켜드린다.

나는 이 자리에서 '이 세계의 어떤 것도 현실이 아닌 것은 없다'는 사실, 그것을 알리고 싶다. 우리가 철학이라는 관념으로 포착한 그 차원의 사유도 현실을 포착한 것이지 관념 자체의 구조가 아니란 뜻이다. 추상적인 이론만 붙들고 있는 것을 철학하는 것으로 착각한다면, 이것 자체가 매우 비철학적이다. 철학을 하는 것은 높은 수준에서 생각할 줄 아는 것이다. 그런데 생각의 대상은 당장의 현실 세계다. 따라서 철학적인 태도를 가지면 당연히 당장의 현실 세계를 읽게 된다. 사유를 사유하는 것이 아니라 세계를 사유하는 것이다.

다시 강조하지만, 철학하는 일이란 남이 이미 읽어낸 세계의 내용을 습득하는 것이 아니라 스스로 읽을 줄 아는 힘을 갖는 일이다. 이 점을 꼭 기억해야 한다.

사 — 철학을 한다는 의미

思

기존의 문법을 넘어 새 문법을 준비하는 도전,
정해진 모든 것과 갈등을 빚는 저항,
아직 오지 않은 것을 궁금해하는 상상,
이것들이 반역의 삶이라면
철학을 한다는 것은 반역의 삶을 사는 일이다.

국가 발전의 기본은 '철학적 시선'을 갖추는 일

철학적인 높이에서 주도권을 행사하는 나라를 선진국이라고 한다면 우리나라는 선진국이 아니다. 선진국으로 진입해야 하는 바로 근접한 단계에 도달해 있다. 그렇다면 지금 우리는 선진국으로 진입하는 것을 사명 혹은 시대의식으로 가져야 하지 않겠는가? 선진국으로 진입하기 위해서는 '장르'를 형성하는 힘이 있어야 한다. 단순히 표면적으로 드러나는 경제력이나 군사력이 아니라, 그런 능력들의 배후 역량으로서 장르를 형성할 수 있는 힘이 중요하다.

아편전쟁 이야기를 하면서 살펴보았듯이 중국은 반식민 상태에서 나라와 민족을 구하려는 철저하고 일관된 노력을 하다가 최종 귀결로 윤리, 사상, 문화, 철학에 집중하였다. 일본도 중국과 형식은 다르지만, 서양을 극복하려는 과감한 도전을 감행한다.

일본은 1867년 봉건시대, 즉 막부시대의 막을 내리고 1868년부터 메이지유신에 들어가는데, 메이지유신을 시작할 때 일본인들은 매우 높은 시선에서 전략적 판단을 하고 온 나라가 이 판단에 따라 일사분란하게 움직인다.

그 내용이 바로 "아시아를 벗어나 서양으로 들어간다"는 뜻을 가진 '탈아입구脫亞入歐'다. 이는 후쿠자와 유키치福澤諭吉*가 주장한 것으로, 아시아의 문화로는 세계 변화의 흐름을 따라잡을 수 없을 뿐만 아니라 주도적인 나라가 될 수 없다고 판단하고, 기존의 아시아적 이데올로기를 벗어나 서양을 모방하여 서양적인 삶을 살아야 한다는 내용이다. 압축하면 일본은 서둘러 서양의 길을 따라야 한다는 주장이다.

일본이나 중국이나 방식은 다르지만 모두 당시 세계 변화의 중심축으로 접근해 들어가야 한다는 생각을 가졌다는 점에서는 동일하다. 당시 시대적 추세에서 중국이 걸었던 방향이나 일본의 결정은 전략적으로 아주 합당했다. 반면 우리는 운명을 스스로 결정하는 전략적 결정을 내리는 일에 실패했다. 그럴 능력이 없었던 것이다. 근대에 우리가 당한 긴 시간 동안의 치욕은 바로 이 전략적 결정을 내려야 할 때에 그런 수준에 있지 못했다는 사실에서 기인한다.

일본은 메이지유신을 시작한 지 6~7년 만인 1875년 9월 20일에 일본 군함 운요호를 조선의 강화 해협으로 보내 불법 침입하면

* 1834~1901. 일본의 계몽가이자 교육가. 봉건 시대 타파와 서구 문명 도입을 주장해 자본주의 발달의 사상적 근거를 마련했다.

서 조선을 강제 개항시킨다. 이는 1853년 쿠로후네黑船를 타고 온 미국의 페리 제독에 의해 일본이 강제 개항된 지 22년 만이다. 미국에 의해 강제 개항당한 사건을 그대로 따라서 일본은 22년 만에 조선을 강제 개항시켰다. 강제로 개항시킨 지 얼마 지나지 않아 결국 1910년 8월에 조선을 병합해버린다. 운명을 결정하는 주요한 순간에 전략적인 결정을 내리지 못하고 우왕좌왕하다가는 이렇게 당할 수밖에 없다. 타국의 식민지로 전락하는 수모도 피할 수 없다. 우리는 아편전쟁 이후 세계의 큰 흐름을 주도적으로 포착하고 그 흐름을 장악하는 시선을 갖지 못했던 것이다.

세계 흐름을 주도적으로 포착하여 독립적인 방향을 결정하는 일에 실패하면 이런 치욕은 언제든지 되풀이된다. 혹시 지금 우리는 개항기에 전략적 판단을 내리지 못하고 우왕좌왕하던 그 모습을 여전히 반복하고 있지는 않은가? 철저한 반성을 해야 하는 매우 치명적인 시점이다. 결코 한가한 때가 아니다.

지금 우리는 우리 앞에 전개되는 시대를 정면으로 마주하면서 우리가 무엇을 해야 하는지를 정확히 인식해야 한다. 그런 후에 전략적인 결정을 하고, 또 그것을 철저하게 실천해야 한다.

고난의 극복과 찬란한 번영 및 부흥이 한계에 도달한 이 단계에서, 우리가 돌파하여 나아갈 길은 오로지 선진화다. 그리고 선진화라는 목표는 결국 철학적 단계로의 상승과 관련된다. 지식인은 감각과 기능에 갇히지 않는다. 시대의식을 포착하고 거기에 헌신하는 사람만이 비로소 지식인이다.

'아직 오지 않은 곳'으로 건너가는 삶을 살아야

철학적 시선으로 '나'와 '국가'를 끌고 간다는 것은 전략적인 혹은 문화적이거나 예술적인 단계 또는 인문적인 시선의 단계로 상승한다는 뜻이다. 그러기 위해서는 우리를 지배하고 있는 기존의 문법을 뒤로 하고 선진화라는 새로운 문법을 구축해야 한다.

새로운 문법을 만들지 못하면 우리는 지금의 발전을 넘어서 다음 단계의 발전을 기대하기 어려울 수도 있다. 그렇게 되면 더 큰 위기가 닥칠 것이고, 그러다가는 그저 여기까지만 살다 갈지도 모를 일이다. 지금 우리는 이런 위기의식과 함께 한 단계 더 상승하고자 하는 갈망을 가져야 한다. 이것이 우리가 여기 모여 있는 이유다.

건명원 입원식入苑式 때 오황택 이사장님께서 하신 말씀이 있다.

"교수님들, 이 젊은이들을 반역자로 키워주십시오!"

"그리고 원생苑生 여러분, 반역자가 되어주십시오!"

반역자는 정해져 굳은 것에 답답함을 느낀 나머지 그것과 과감하게 결별하고 새로움을 향해 나아가는 사람이다. 반역은 기존의 것에 저항하는 것, 이미 있는 것보다는 아직 오지 않은 것을 더 궁금해하는 일이다. 아직 오지 않은 곳으로 건너가려는도전, 이것이 반역의 삶이다. 모든 창의적 결과들은 다 반역의 결과다. 우리나라처럼 특히 훈고의 기풍으로만 채워진 상황에서 이는 더욱 절실하다.

당시 어느 기자가 인터뷰 중에 이런 질문을 했다.

"건명원이 성공할 것 같으냐, 성공하지 않을 것 같으냐?"

그 기자뿐만 아니라 건명원에 관심을 갖고 있는 적지 않은 사람들이 성공 여부를 묻는다. 나는 이렇게 답했다.

"그것은 의미 없는 질문이다. 꿈과 이상이 있으면 그 꿈과 이상을 실천하고 시도하면 되는 것이지, 그 가능성이나 불가능성을 논하는 것은 아무 의미가 없다."

보통은 무슨 일을 할 때마다 그 일의 가능성 여부를 먼저 따지려 한다. 그런데 그것을 따질 때 사용하는 논리나 근거는 무엇인가? 지금 이미 있는 것들인가? 아니면 지금은 없지만 다가올 것들인가? 우리는 분명 이미 있는 것들을 사용한다. 이미 있는 논리로 아직 오지 않은 것을 따지거나 분석하면 결과가 정확하게 나오겠는가? 현재의 틀로 미래를 재단하면 미래가 제대로 열리겠는가?

꿈을 꾸는 사람이 현재의 문법에 갇혀 있으면 꿈은 항상 불가능한 것으로 평가될 수밖에 없다. 그러다가 꿈꾸는 일을 멈춰버리는 얌전한 사람이 되어버린다. 안전을 추구하기만 하고, 낙오되지 않으려고만 하고, 실패를 두려워한다. 꿈은 불가능의 냄새가 더 강하게 나야 진정한 꿈일 가능성이 크다. 불가능해 보이는 것이 꿈이다. 가능해 보이는 것은 꿈이 아니다. 그것은 그냥 괜찮은 계획일 뿐이다.

꿈을 꾸거나 꿈을 가지려면 무엇보다 우선 무모해야 한다. 무모함을 감당할 배짱이 없이는 꿈을 꿀 수 없다. 결국은 용기다. 꿈은 '뒤'가 아니라 '앞'에 있다. 앞에 있는 것은 기존의 익숙한 문법으로 해석될 리 없다. 그 꿈이 이루어지고 형성될 새 문법에 의해서만 해석될 수 있다.

꿈은 있는 문법을 지키는 일이 아니라 새로운 문법을 만드는 일이다. 인류를 번영시키고 인류에게 큰 영감을 주는 창의적 성취를 이룬 영웅들이 가능과 불가능 사이에서 시소를 탄 적이 있던가? 가능과 불가능을 면밀히 분석하며 우왕좌왕한 적이 있던가? 그들은 자기 내면에서 나오는 고유한 욕망으로 자기 인생을 채우지 기존에 있는 문법이나 논리로 그것을 해석하지 않았다. 아직 오지 않은 곳으로 그냥 건너갈 뿐이다.

꿈을 꾸는 삶이란 '나'로 사는 일

꿈을 꾸는 삶이란 바로 '나'로 사는 삶이다. 자신이 가고자 하는 방향과 자신의 내면적 욕망이 일치하기 때문이다. 우리는 절대 타인의 꿈을 대신 꾸거나 대신 이루어줄 수 없다. 꿈은 나만의 고유한 동력에서 생긴다. 대다수가 공유하는 논리나 이성에 의해서가 아니라 나에게만 있는 궁금증과 호기심이 발동해서 생긴다.

'나'는 꿈을 꿀 때 비로소 참된 '나'로 존재한다. 이때는 내가 분리되어 있지 않다. 옹골찬 하나의 덩어리가 되어 차돌처럼 존재한다. 자기가 바로 참여자이자 행위자다. 비평가나 비판가로 비켜나 있지 않다. 구경꾼으로 살지 않는다.

어느 조직이나 붕괴하기 시작할 때는 공통의 조짐이 나타난다. 그 조직의 구성원들이 자신이 속한 조직에 대해서 비판하고 평가하는 등의 분석하는 일을 점점 많이 한다. 구성원들의 이탈 현상이다. 구성원들이 참여자나 행위자로 혹은 책임자로 존재하지 않고 제3자처럼 구경꾼으로 존재한다. 구성원들 가운데 점점 비평가와 분석가가 많아진다면 이는 매우 좋지 않은 조짐이다.

지금 우리나라는 어떤 분야에나 일류 비평가들과 일류 분석가들로 넘쳐난다. 제3자적 태도를 취하는 사람이 많다. 각자가 책임성 있는 '나'로 존재하지 않고 '우리' 가운데 한 명으로 존재한다. 꿈과 자신이 분리되어 있기 때문이다. 비평이나 분석에 빠지는 제3자적 태도로는 주인으로 살 수 없다.

지금은 일류 비평가나 일류 분석가보다도 이류라도 좋으니 1인칭 참여자들이 필요하다. 일반명사가 아니라 고유명사로 살다 가겠다는 의지로 뭉친 이들의 적극적인 참여가 필요하다. 바로 꿈을 꾸는 무모한 사람들 말이다.

대한민국이 선진국이 될 수 있느냐 없느냐라고 묻는 태도는 그럴듯해 보인다. 매우 책임성 있는 태도를 가진 사람으로 보일 수도 있다. 하지만 사실 당사자인 우리에게 이런 분석적인 질문은 별 의미가 없다. 제3자로서의 미국이나 일본이나 중국 등에게는 흥미 있는 질문일 수 있겠지만, 적어도 우리에게 이것은 어떤 위험을 무릅쓰고서라도 감당해야 하는 사명이지, 분석하고 평가하는 것만으로 끝낼 문제가 아니다. 이 문제는 반드시 다음과 같이 바뀌어야 한다.

"선진국으로 진입할래? 안 할래?"

"선진국으로 진입하고 싶어? 안 하고 싶어?"

이렇게 욕망의 방향을 명확히 설정하고 덤빌 것인지 안 덤빌 것인지를 정하는 일이 핵심이지, 한가하게 가능성 여부나 묻고 분석하는 것은 남의 집 불구경하는 것과 다르지 않다. 건명원의 성공 여부도 이와 같을 뿐이다. 각자 건명원에 모인 이유를 스스로 통감하고, 덤빌지 안 덤빌지 그 여부만 따지면 된다. 이는 꿈을 꾸는 일이기 때문에 더욱 그러하다.

여기서 한 가지 짚고 넘어갈 일이 있다. 내가 한 인간으로 잘 살고 있는지, 독립적 주체로 제대로 서 있는지, 누군가의 대행자가 아니라 '나'로 살고 있는지, 수준 높은 삶을 살고 있는지, 철학적이고 인문적인 높이에서 살고 있는지를 확인하는 방법이 있다. 그것은 자신에게 다음과 같이 물어보면 된다.

"나는 지금 어떤 꿈을 꾸고 있는가?"

"나의 삶이 내 꿈을 실현하는 과정으로 되어 있는가? 아니면 해야 하는 일들을 처리하는 과정으로 되어 있는가?"

꿈이 없는 삶은 빈껍데기일 뿐이다.

獨立

3강

독립獨立 : 홀로 서다

"가장 높은 차원에서의 지적 도전이 철학을 탄생시켰다."

탈레스의 "만물의 근원은 물이다"라는 생각을 시작으로

신에 대한 믿음이 주도하던 시대는 점점 막이 내리고

인간의 생각하는 힘이 주도하는 세계가 열린다.

인류의 역사는 주변이 중심을, 소수가 다수를 전복하는 일련의 과정이다.

기존 체계를 이탈하는 새로운 생각이었던 것이 믿음으로 자리 잡고

그 믿음을 밀어내는 또 다른 생각이 거듭되는 과정이다.

이러한 사유의 여정은 고독한 인간의 독립을 바탕으로 한다.

집요한 관찰과 예민함으로 기존의 것을 낯설게 바라볼 때,

그리고 홀로 세상에 부딪치는 참된 용기를 발휘할 때 철학은 탄생한다.

이 — 최초의 철학적 사유와 발휘

理

세계의 주도권이 신에서 인간으로 넘어오면서,
믿음의 시대에서 생각의 시대로 넘어오면서,
천명天命의 시대에서 도道의 시대로 넘어오면서,
신화의 시대에서 철학의 시대로 넘어왔다.

나의 사유 능력으로 세계를 이해하다

앞에서 동아시아에서의 철학이란 어떤 것인지, 우리한테 철학은 어떤 의미가 있는지를 얘기했다. 철학적 사유의 높이에 대해서도 얘기했다. 나는 지금 철학적 사유의 결과로 나온 어느 특정 철학적 지식이나 이론을 얘기하지 않는다. 철학적 사유가 작동하는 환경, 그 높이 내지는 그 효과 등을 말하고 있을 뿐이다.

이제는 철학적인 사유가 전개되는 그 차원과 높이 혹은 그 지점에 대해서 좀 더 집중적으로 살펴보겠다. 철학적 사유의 특징을 알아보기 위해 철학적 사유가 최초로 발생한 시점으로 돌아가보자.

철학의 아버지 혹은 최초의 철학자라고 꼽히는 인물은 탈레스다. 이미 아리스토텔레스나 니체도 그렇게 이야기했고, 『서양 철학사』를 쓴 버트런드 러셀Bertrand Arthur William Russell*도 탈레스를 최

* 1872~1970. 영국의 논리학자·철학자·수학자·사회사상가. 20세기 지식인 가운데 가장 다양한 분야에서 지속적으로 영향을 미쳤던 인물로 1950년 노벨 문학상을 수상했다.

초의 철학자로 든다. 그냥 내 멋대로 최초의 철학자로 꼽은 것은 아니다. 많은 철학자들이 탈레스를 최초의 철학자라고 지목하는 데는 그럴 만한 이유가 있다. 탈레스가 인간의 역사에서 특별한 깃발의 역할을 했기 때문이다. 탈레스는 "만물의 근원은 물"이라고 했다. 거듭 말하지만 "만물의 근원은 물"이라는 이 명제가 과학적으로 참인지 거짓인지는 중요하지 않다. 지금 우리의 관심사도 아니다. 만물의 근원은 물이라는 이 명제를 밝히기까지 그가 걸어왔던 사유의 여정, 그것이 중요할 뿐이다.

탈레스는 나일 강의 범람을 그 이전 사람들과는 다르게 설명한다. 탈레스 이전에는 나일 강의 범람을 대개 신들의 다툼으로 해석했다. 탈레스는 그런 해석 방식과 결별한다. 신들이 다퉈서 나일 강이 범람한 것이 아니라 나일 강 밑에서부터 바람이 거슬러 불기 때문이라는 것이다. 이것이 맞는 설명인지 틀린 설명인지도 중요하지 않다. 나일 강의 범람에 대한 해석의 층위가 완전히 달라졌다는 것이 중요할 뿐이다.

신들의 다툼으로 나일 강의 범람을 설명한다는 것은, 이 세계를 초월적으로 존재하는 신들이 조종하는 것으로 믿고 있다는 뜻이다. 이와 달리 범람의 원인을 바람의 방향으로 설명한다는 것은 인간이 스스로의 생각과 관찰하는 능력으로 세계를 해석하기 시작했음을 뜻한다.

생각하는 능력, 이것으로 인간은 신에 대한 믿음으로부터 벗어날 수 있었다. 이 일을 탈레스가 최초로 했다. 그래서 탈레스를 최초의 철학자라고 하는 것이다. 그런데 이런 일은 그리스에서만 일어나지 않고 비슷한 시기 중국에서도 일어난다.

"인간이 인간인 이유는 인간에게 있다"

일어나지도 않을 일을 걱정하는 것을 '기우杞憂'라고 한다. 기杞나라 사람이 하는 걱정이라는 뜻이다. 탈레스가 살던 때와 비슷한 시기, 중국의 기나라는 주周나라의 변방국이었다. 주나라는 각 지방을 통치하는 제후들을 천자가 가장 위에서 지배 관리하는 봉건제封建制 국가였다. 주나라는 은殷나라를 멸망시킨 후 그 유민들을 한곳으로 모아 살게 했는데, 바로 송宋이라는 나라다. 그러면서 훨씬 이전에 멸망당한 하夏나라의 유민들에게도 송의 서북쪽에 조그마한 땅을 주면서 모여 살게 했다. 바로 기나라다. 주나라를 건국한 중심 부족이 희씨姬氏 성이었기 때문에 대부분의 제후들은 모두 다 동성同姓인 희씨들이었지만, 기나라는 그렇지 않았다. 당연히 송과 기나라는 주나라를 구성하는 제후국 가운데서 비주류에 속했다. 이런 연유로 중국 고전에서는 이 두 나라 사람들이 좀 바보스럽고 우습게 묘사되는 경우가 많다.

주나라의 대표적인 변방국인 기나라의 어떤 사람이 큰 걱정에 빠진다. 『열자列子』「천서天瑞」 편에 이 이야기가 기록되어 있다. 기나라 사람이 "하늘이 무너지고 땅이 꺼져버리면 어떡하지?"라고 걱정하면서 밥도 못 먹고 잠도 자지 못하자, 누군가가 매우 안타깝게 여겨 그 사람을 깨우치는 말을 해준다.

“하늘은 기氣가 쌓인 것입니다. 이 세계는 기로 꽉 차 있지요. 당신이 움직이고 숨을 쉬는 것도 모두 이 기 안에서 일어나는 일인데, 어째서 하늘이 무너질까를 걱정한단 말이오.”

그러자 걱정꾼이 “땅이 꺼져버리면 어떻게 합니까?” 하고 재차 묻자, 그 사람이 다시 설명을 해준다.

“땅도 흙덩어리[塊]가 쌓인 것입니다. 사방이 다 이 덩어리들로 꽉 차 있죠. 아무리 강하게 밟고 굴러도 다 이 덩어리 위에서 벌어지는 일입니다. 그런데 어떻게 땅이 꺼질까를 걱정한단 말입니까?”

그제야 그 걱정꾼은 안도의 한숨을 쉬고 편안해질 수 있었다. 여기서도 설명을 해주는 사람의 말이 과학적으로 사실인지 아닌지의 여부는 그렇게 중요하지 않다. 중요한 것은 세계를 설명하는 틀이 달라졌다는 점이다. 여기에 새로움이 있다.

이전에는 하늘이 무너지거나 땅이 꺼지는 일을 포함하여 모든 일은 다 ‘신(하늘)’이 결정한다고 믿었다. 그런데 기나라 사람들은 이런 식의 믿음에서 벗어났다. 이제 세계 현상을 다른 틀로 해석하기 시작하였다. 신의 뜻이 아니라 ‘기’ 내지는 ‘흙덩어리’라는 자연 현상을 근거로 설명한다. 기존의 믿음을 벗어나 인간의 독자적인 생각과 관찰의 능력을 발휘하는 방향으로 점점 사유의 주도권이 이동하고 있다.

이런 추세에 따라 중국에서 하늘의 권위는 위축되고 인간의 주도권이 점점 커진다. 이런 사유의 이동 과정 속에서 특출하게 등장한 인물이 바로 노자와 공자다. 그렇다면 공자가 한 혁명적 사유는 무엇인가? 서양의 탈레스가 한 것만큼 문명의 깃발로 내세울 만한 공자의 업적이란 무엇인가?

공자가 한 생각의 결과들을 종합해서 한 문장으로 정리하면 아마 이럴 것이다.

인간이 인간인 이유는 인간에게 있다.

공자 이전 사람들은 모두 인간이 인간인 이유가 하늘의 명령[天命]에 있다고 믿었다. 공자는 여기서 이탈하여 인간이 인간인 이유가 인간 자신에게 있다고 말한다. 공자는 이런 주장을 신으로부터 계시를 받아서 하거나 신에 대한 믿음의 결과로 하지 않았다. 바로 자신의 생각하는 능력만으로 해냈다. 인간이 인간인 이유가 인간에게 있다고 할 때, 인간에게 있는 바로 그 이유 내지는 근거가 바로 인仁이다. 공자는 인간이 인간으로 존재하는 이유가 신에게 있다고 하는 그 믿음 체계를 벗어나서, 인간이 존재하는 이유를 인간에게서 발견하였다.

신화의 시대에서 철학의 시대로 이동하다

탈레스를 통해서도 알 수 있고 공자를 통해서도 알 수 있듯이, 철학의 시작은 인간의 독립을 의미한다. 누구로부터의 독립인가? 신으로부터의 독립이다. 신이 주도권을 잡고 있을 때, 인간은 신의 음성을 듣고 그것을 그대로 용맹스럽게 수행만 하면 되었지만, 인간이 독립을 시도하면서부터 인간은 비로소 자연과 역사에 책임성 있는 존재로 등장한다. 이 책임성은 믿음이 아니라 생각하는 능력을 독립적으로 발휘하는 태도에 의해서 실현되었다.

인간이 신으로부터 독립했다는 말은 인간이 '믿음의 세계'에서 '생각의 세계'로 넘어왔음을 뜻한다. 중국 역사로는 이것을 천명天命을 벗어나 도道의 세계로 넘어왔다고 말할 수 있다.

신이 주도권을 잡고 있는 사회에서 신들의 이야기를 기록한 것이 '신화'다. 인간이 주도권을 잡고 스스로의 사유를 통해 이 세계의 궁극적인 원인이나 보편적인 존재 형식에 대해 말한 것이 '철학'이다. 우리가 철학의 시작을 이야기할 때는 항상 이 이동을 염두에 두어야 한다. 신이 주도권을 잡던 시대에서 점점 인간이 주도권을 잡는 시대로 넘어온다, 믿음의 시대에서 생각의 시대로 넘어온다, 천명의 시대에서 도의 시대로 넘어온다, 신화의 시대에서 철학의 시대로 넘어온다는 것을 말이다. 이것을 또 '미토스mythos'의 세계에서 '로고스logos'의 세계로의 이동이라고도 말할 수 있다.

로고스는 '믿는 것'이 아니라 '생각하는 것'이다. 로고스를 발휘하면 신의 명령 그대로를 믿고 따르지 않고 생각의 힘, 이성의 힘으로 이 세계를 설명하거나 해석한다. 로고스는 철학의 시작 지점에서 발견된 인간의 고유한 능력이다. 그래서 철학의 시대에 들어섰다는 것은, 인간의 이 고유한 능력이 발휘되는 시대로 진입했다는 말이 된다.

철학은 영어로 '필로소피philosophy'다. 사랑이나 애착을 뜻하는 단어와 지혜나 지성을 의미하는 단어가 합해져 '필로소피'가 되었다. 그러니까 필로소피는 합성어다. 합성어가 등장했다는 것은 그 이전에 따로따로 존재했던 두 단어가 합쳐져야만 설명될 수 있는 어떤 새로운 세계 혹은 새로운 상황이 펼쳐졌음을 뜻한다. 이때의 새로운 상황이란 무엇인가? 신화의 시대에서 철학의 시대로 넘어가는 바로 그 상황이다.

이렇게 해서 인간은 신에 대한 믿음보다는 지혜를 사랑하고 지혜를 믿고 지혜에 집착해야만 하는 시대로 진입했다. 소피아라는 것은 로고스적인 지적 훈련을 통해서 가질 수 있는 특별한 능력이다. 생각의 힘, 이성의 힘으로 세계를 설명하고 해석하는 훈련을 지속적으로 함으로써 얻을 수 있는 탁월한 능력이다.

고 — 고독을 기반으로 홀로 선 자

孤

'독립'은 홀로 서는 것이다.
어떤 것에도 의존하지 않고 자신의 힘으로만 책임성 있게
그리고 도도하게 우뚝 서는 것.
독립적 인간에게 가장 중요한 덕목은 '고독'이다.

익숙한 것과의 결별, 고독을 자초하다

철학의 시작으로 인간은 신으로부터 독립하였다. '독립獨立'이 핵심이다. '독립'은 기본적으로 혼자 서는 일이다. 어떤 것에도 의존하지 않고 자신의 힘으로만 책임성 있고 도도하게 우뚝 선다. 독립할 때 인간에게 요구되는 가장 중요한 자세는 바로 '고독孤獨'이다. 보통은 고독을 부정적인 의미로 보는데 부정적 의미에서라면 그것은 아마 외로움일 것이다. 외로움은 뭔가 결핍감을 느끼는 부정적인 상태다. 고독은 그렇지 않다. 고독은 아주 고아하게 혼자 서는 것이다. 바로 자신의 힘만으로 서 있는 자립적 상태다.

탈레스가 철학적인 생각을 가장 먼저 할 수 있었던 것도 스스로가 독립적이었기 때문이다. 고독이나 독립은 기존의 인식 질서가 주는 강압적인 힘을 벗어나서 스스로 우뚝 서는 용기를 발휘해야만 가능한데, 탈레스는 모든 사람들이 만물의 근원을 신이라고 믿을 때 모든 사람들과 결별하여 스스로 고독을 '자초'했다. 그렇게 하여 만물의 근원은 '물'이라고 하는 최초의 생각을 인류에게 제공하였다.

탈레스가 최초로 믿음의 시대에서 생각의 시대로 넘어가게 해주고 나서, 이런 일은 역사에 끊임없이 일어나고 있다. 새로운 철학의 탄생이란 결국 이런 형식의 연속적이고 반복적인 과정이다. 새로운 생각이 시간을 견디며 생존하다가 어느 순간에는 또 믿음의 대상으로 바뀌고, 그 믿음의 체계가 다시 새로운 생각에 의해서 대체되는 과정이 반복된다.

새로운 생각을 해내는 사람은 기존의 믿음 체계로부터 이탈한 독립적 주체다. 고독한 존재다. 문명의 깃발로 존재하는 철학이나 예술은 다 고독한 존재들의 용기에서 비롯된다.

그렇기 때문에 철학의 출발을 말하면서 우리가 반드시 배워야 하거나 또 배울 가치가 있는 덕목은 바로 '독립'이다. '독립'은 익숙한 것들이 갑자기 불편해져서 거기로부터 벗어나려고 발버둥치다 얻어지는 선물 같은 것이다. 불편해진다는 것은 이미 있는 생각들이 더 이상 나의 삶이나 새로운 문명을 책임질 수 없을 것이라는 불신과 회의가 시작되었다는 뜻이다. 따라서 철학적 사유를 하기 위해서는 익숙한 것들과 결별하고 고독을 자초해야만 한다.

질문하는 자는 예민하다

기존의 것들이 낯설어지거나 익숙했던 것들이 생소하게 느껴지는 사람이 있다면, 그는 분명히 어느 정도 독립적인 사람이다.

낯섦이나 생소함 등의 감정은 정해진 것들이나 익숙한 것들과 갑자기 분리되는 경험을 할 때 엄습해오는 불편한 느낌이다. 이 분리를 경험하는 상황에서 인간은 일단 고독해진다. 익숙함을 공유했던 주변의 연결망과 갑자기 끊어지고, '우리'에서 혼자만 벗어나 '이탈'하는 느낌이 든다. 이런 상태에서는 주변의 상황에 민감하게 반응한다. 예민해지는 것이다.

기존의 논리에 익숙한 사람으로서 그것을 지키려는 태도를 유지한다면, 문명의 흐름에 새로 등장하는 조짐이나 신호에 민감하게 반응하지 못한다. 기존의 익숙한 문법으로 보면 그것들은 다 이상하게 보일 뿐이다. 이미 가지고 있는 판단 체계로 보면 다 그렇다. 하지만 그런 조짐이나 신호에 민감하게 반응할 정도로 예민하면 그것을 이상하거나 나쁜 것으로 판단하지 않고 백지 상태에서 순수하게 호기심(궁금증)을 발휘할 수 있다.

백지 상태란 아무 생각 없는 멍한 상태라기보다는 익숙한 논리나 문법 혹은 이미 배워서 가지고 있던 지식의 폐쇄적 지배력에서 벗어나 자신의 고독한 시선만을 남긴 상태다. 배움을 통해 얻었던 내용에 구속되지 않고 해방되어 호기심만 가득한 원초적 심리 상태다.

'덕德'이 등장했다고 할 수 있고, '욕망'이 등장했다고도 할 수 있다. 어떤 내용도 자기를 구속하지 못하고 온전히 자신으로만 되어 있는 상태, 즉 독립적 주체로 우뚝 섰다. 이때 질문이 제기된다.[9]

어떻게 그럴 수 있는가? 고독한 사람, 독립적인 사람은 예민하기 때문이다. 우리는 대개 생각의 결과들을 믿음의 체계로 바꿔서 그것을 신봉하면서 산다. 이 믿음의 체계를 가지고만 세상과 접촉한다. 이때 인간이 상실하는 가장 큰 자질이 바로 '예민함'이다.

여기서 말하는 예민함은 가볍고 급하게 반응하는 신경질적인 민감함이 아니다. 인간을 통찰로 이끄는 매우 종합적인 직관의 터전이다. 자신의 시대적 사명과 역사적 책임을 느낄 수 있는 성숙한 직관이다. 깊고 넓은 지성이 없이 발동하는 경솔한 반응이나, 강한 신념과 믿음에서 나오는 성급한 과감성과는 차원이 다르다. 익숙함에 갇혀 있으면 절대 예민하게 반응할 수 없다. 익숙함에 갇혀 있으면, 궁금증이나 호기심도 발동되지 않아 질문이 등장하지도 않는다.

독립과 예민함의 연관성은 인류 역사에서 뚜렷이 드러난다. 인류 역사는 주변이 중심을 전복하는 사건들의 기록이다. 주변이 중심을 전복하고 나서 새로운 중심으로 성장한 후 또 새로 등장하는 주변에 의해서 다시 전복되는 일련의 과정, 이것이 인류 역사의 전체 흐름이다. 인류 역사는 한번도 예외 없이 소수가 다수를 전복하고, 그 소수가 다수를 형성한 다음 다시 새로 등장하는 소수에 의해서 전복되는 과정으로 이어져왔다.

어떤 '소수'나 어떤 '주변'의 출현은 역사적 책임성을 가진 새로운 흐름의 등장을 의미한다. 그런데 이 새로운 흐름은 오직 예민한 사람에게만 읽혀진다. 기존의 문법이나 이념 혹은 신념에 익숙한 사람에게는 이 새로운 흐름이라는 것이 그저 낯설고 이상하게 보일 뿐이다. 앞에서 말한 대로 이 새로운 흐름은 기존의 문법에 의해 해석되는 것이 아니라 새로운 문법을 형성해나가는 물결인데, 익숙함에 빠진 사람은 기존의 문법을 가지고 그것을 해석하려 덤비기 때문이다. 그리고 자기가 가지고 있는 문법으로 잘 읽히지 않는 것은 모두 이상한 것으로 치부해버린다.

새로 등장하는 조짐과 신호를 읽을 수 있는 사람에게는 반드시 예민함이 있다. 이 예민함으로 다른 사람보다 먼저 대응할 수 있고, 먼저 대응하니 앞서 나갈 수 있다.

선진국과 후진국은 세계 변화에 반응하는 예민함에서 차이가 난다. 일본과 한국의 국력 차이도 사실은 세계의 변화에 반응하는 예민함의 차이이다. 근대화(서구화) 물결이 시작되자마자 그 조짐을 읽고 빨리 대처한 일본과 느리게 반응한 조선의 차이이다.

『메이지유신은 어떻게 가능했는가』를 쓴 박훈 교수는 그 책 안에서 서양의 외압에 반응하는 일본의 태도를 '과장된 위기의식'이라고 표현한다.[10] 강제 개항 등과 같은 일련의 압력에 대하여 일본이 실제 내용보다 훨씬 더 큰 위기의식을 가지고 과도하게 반응했다는 것이다. 그런데 예민함이 좀 떨어진 문화권의 사람들 눈에는 제국이나 선진국의 예민함이 좀 호들갑스럽게 보이거나 지나치게 보일 수 있다.

후진국은 세계 변화에 예민하게 반응하는 능력이 떨어지고, 항상 사태가 발생해야만 그때부터 대응하기 시작하는 습성이 있다.

그래서 후진국에서는 '늑장대처' '땜질처방' '대증요법'과 같은 한탄들이 자주 등장한다. 항상 선제적 대응에 실패하고 사태가 발생해야만 움직이는 습성 때문이다. 이는 주도적으로 역사를 전개해본 경험이 없다 보니 당연히 예민함을 발휘해본 적이 없고, 그러다 보니 어쩔 수 없이 형성된 습성이다.

역사를 주도적으로 전개해본 경험이 있거나 그런 의지가 있는 나라는 매사에 좀 과도하다고 할 정도로 예민하게 반응한다. 우리 눈에는 일본이 서양의 외압에 과도하게 반응한 것처럼 보이지만, 제국의 차원 혹은 선진국 수준의 국가들은 이렇듯 과도하게 보일 정도로 예민하게 선제적 반응을 한다. 여기서 그들만의 전략적이고 선제적인 결정이 이루어진다.

창의적이고 창조적인 일들은 모두 이렇게 등장한다. 이는 독립적 의사 결정이기도 하다. 창조란 새로운 흐름을 포착한 상태에서 거기에 어떻게 반응할 것인가에 대하여 극한으로 몰입할 때 일어난다. 보통 사람들은 기존 체제에 갇혀서 그 구조를 계속 반복하거나 재생하는 역할만 하기 때문에 기존 체제 안에 새로움이 나타나도 그것을 새로움으로 보지 못한다.

'자기로부터의 이탈'이 세계를 응시하는 힘

나는 직업상 학생들과 가끔 단체로 여행을 하기도 한다. 단체 여행을 하다 보면, 한국 학생들과 미국 학생들 사이에 차이가 있는데, 그것이 내게는 좀 인상적이었다.

한국 학생들은 단체 여행을 할 때 여행 내내 개별적인 행동은 전혀 없이 집단으로 똘똘 뭉쳐서 행동한다. 집단으로 모여 있고 뭔가 연결되어 있어야 하고, 서로 함께 있어야 한다. 그런데 미국 학생들의 단체 여행은 그렇지 않다. 모두 함께해야 하는 것으로 정해진 프로그램이 아니면 단독으로 행동하는 경우가 많다.

기차 타고 이동할 때도 우리 학생들은 게임 등을 하면서 다 함께 뭉쳐 있는데, 미국 학생들은 혼자 책을 본다든지 혼자 창밖을 물끄러미 바라보는 것과 같은 행동을 해서 우리가 함께 여행 온 사람들인가 하는 느낌을 받을 정도다. 어떤 모습이 더 좋고 나쁘고의 문제라기보다는 문화에 따라 나타나는 차이일 것이다.

주체의 독립에 관한 나의 이야기에 대해 개인과 집단의 관계, 즉 개별자와 공동체의 관계를 따지며 이야기하는 사람이 있다. 개별자와 공동체는 서로 연결되어야 사회적 힘이 동반 상승되지 않느냐고 하는 것이다. 너무 개별자의 독립만 강조하는 것 아니냐, 심지어는 그래도 공동체가 더 중요하게 다루어져야 하지 않느냐고도 한다.

내가 볼 때 개인과 공동체의 문제는 실재의 세계에서는 어느 것이 더 중점적으로 다루어져야 하는가를 따져야 할 정도로 분리되어 있지 않다. 개념적으로 분리되어 있으니까 따로 존재하는 것 같지만, 분명하게 구별되기 어렵다. 상식적으로 보더라도 건강한 개인들이 모여 이루는 공동체가 건강할 것이고, 건강한 공동체 안에서 개인은 더욱 건강한 발전을 이룰 수 있다. 뻔하지 않는가? 다만 공동체나 집단에 선험적 절대성을 부여하게 되면 마치 공동체나 집단을 절대선을 가진 고정 불변의 존재로 받아들이기가 십상이다.

집단에는 그런 힘이 잠재되어 있다. 그래서 개별과 보편, 개인과 집단, 개별자와 공동체 등으로 나누어놓고 저울질하다 보면 당연히 무게중심이 보편이나 집단이나 공동체로 이동할 수밖에 없다. 문제는 집단은 대개 '보편'이라는 탈을 쓴 이념의 지배를 받고, 그러면서 권위가 더욱 공고해진다는 것이다.

모든 사회가 그렇다고 단언하기는 어렵지만, 한국에서는 이런 현상이 두드러진다. 우리가 보통 개별적 주체들의 주체성을 이야기하지만, 사실은 집단적으로 공유된 보편적 이념을 내면화한 다음 그것을 자신의 주체성으로 착각하는 경우가 보통이다. 그래서 주체라고는 하지만 기실은 보편적이거나 집단적 이념에 종속되어 있다. 더군다나 내면화된 보편성은 우주적 차원의 것이 아니라 대부분은 정치적 이념의 공유자들끼리 나누는 보편성이거나 진영의 좁다란 보편성이어서 그렇게 넓고 높지도 않다.

이런 주체들로 이루어진 집단이나 공동체는 주체들의 자발성이 발휘되지 못하여 사회가 경색되기 쉽다. 이런 구조에서는 문명의 진행 방향에 능동적이고도 선제적으로 반응할 수 없어 종속성을 벗어나기 어렵다.

우리는 무엇보다도 종속성을 벗어나야 한다. 선도력이나 선진성이나 창의성 등은 바로 종속성을 벗어난 데서만 꽃필 수 있다.

종속성을 벗어나는 일은 의식 있는 개별자가 역사적 책임성을 회복해야만 가능하다. 이는 자신이 독립적으로 시대의식을 파악함으로써 가능해진다. 자신만의 능력으로 세상에 질문을 제기함으로써만 가능하다는 말이다.

반면 종속적인 사람에게는 질문보다 대답이 더 편하다. 질문은 집단에서 이탈하는 용기를 발휘할 때 가능하다. 질문을 제기함으로써 집단에서 이탈하여 자기로 우뚝 설 수 있다. 독립이라는 것은 궁극적으로 집단이 강제하는 일반적인 이념과의 자발적인 단절이고 고립이다. 우선은 '우리'에서 이탈해 '나'로 서는 것이다.

노자의 『도덕경道德經』 제20장에 보면 다음과 같은 대목이 나온다.

> 사람들은 다 희희낙락하구나, 큰 소를 잡아 잔치를 벌이는 것처럼, 봄날 누각에 오른 것처럼 떠들썩하다. 그런데 나 혼자 조용하구나.
>
> (중인희희衆人熙熙, 여향태뢰如享太牢, 춘등대春登臺. 아독박혜我獨泊兮.)

위대한 존재는 주위의 모두가 다 잔치를 벌이듯이 떠들썩하고 즐거워하는 상황에서도 거기에 함께 묻히지 않고 이탈하여 자신에게만 있는 비밀스런 내면을 지킨다. 집단에서 이탈해 나와 자신이 있는 현재 그곳을 마치 제3자가 보듯이 내려다본다.

자기 삶을 영위할 때도 자기 삶 속에 온전히 침잠하는 것이 아니라, 그 익숙함에서 벗어나 객관적인 시선으로 자신의 삶 자체를 관찰할 수 있어야 한다. 익숙한 자신으로부터 벗어나는 이것이 자기로부터의 이탈이다.

익숙한 자기는 집단적인 관습이나 보편적인 이념을 공유하는, 주위의 다른 사람들과 차이가 없는 자기다. 종속적인 상태를 유지하는 자기일 뿐이다. 집단 속에 섞여 있으면서도 자신은 단독자로 고립을 자초할 수 있어야 한다. 스스로 고립을 자초하지 않으면 그 안에 매몰되어 세계의 진실을 포착할 수 없다. 고립을 자초한 후, 고독에 빠질 수 있어야 한다.

독립을 이룬 자기는, 즉 고독한 자기는 비록 단절과 고립의 상태에 있지만, 단절과 고립의 힘을 통해서 비로소 종속성을 깨닫고 거기서 벗어난다. 종속성을 벗어나자마자 이 독립적 주체는 능동성을 회복하고 진실한 내면을 외부로 확산할 힘을 갖는다. 자기를 확산하는 활동이 시작되면 비로소 창의적이고 생산적인 연결도 덩달아 시작된다.

피상적으로 보면 '연결'이나 '연대'에 독립은 상당히 부정적으로 보일 수도 있다. 이는 매우 단편적인 시각이다. '독립'적인 주체만이 창의적이고 생산적인 '연결'과 '연대'를 할 수 있다. 독립적이고 고독한 주체가 종속적 주체보다 훨씬 개방적이다. 독립적이지 않고 종속적인 주체는 이미 있는 이념에 빠져 그것을 지키는 데에만 힘을 쓰기 때문에, 그 이념으로 지탱하는 공동체를 정해진 모습 그대로 유지하려고만 하지 공동체의 질적 진보를 가능하게 하는 돌출적인 시도를 못 한다.

이렇듯 독립, 고독 등등은 결국 철학적 수준의 사유를 가능하게 해준다. 탈레스도 그 시대의 정해진 이념을 이탈한 가장 고독한 사람이었다. 이런 맥락에서 독립적이지 않은 사람은 소피아적 단계의 사유에 접근하기 어렵다.

'연결', 그것은 '독립'적 주체만 할 수 있는 창의적 활동

독립은 분명 '연결'과 대척점에 있지 않고, 오히려 창의적 연결을 가능하게 한다. 스티브 잡스는 "창의성은 연결이다Creativity is just connecting things"라고 했다. 인간이 가지고 있는 능력 가운데 가장 탁월한 능력은 이질적인 것들 사이에서 유사성을 발견할 줄 아는 것이다. 전혀 다른 것으로 간주되던 이질적인 것들에서 유사성을 파악한 후, 그 유사성을 근거로 상호 개방시켜 접속해 보는 일이 연결이다. 이런 활동을 총괄하여 '은유'라고 한다. 이 '연결'과 '은유'를 통해서 인간은 자신의 세계를 확장한다.

확장이 개시되도록 꿈을 꾸는 일을 상상이라 하고, 확장이 전개되는 일을 창의라고 하며, 확장의 결과를 창조라고 한다. 그래서 인간 가운데 가장 탁월한 인간은 은유하는 인간일 수밖에 없다. 창조와 창의의 능력을 발휘하는 것보다 더 위대한 일은 없기 때문이다.

예를 들어 "시간은 수다쟁이다"라는 표현이 바로 은유다. 원래 '시간'과 '수다쟁이' 사이에는 어떤 유사성이나 동질성도 없었다.

그런데 이 둘 사이에는 '어떤 것도 결국에는 드러내버린다'는 유사한 성질이 있다. 시간은 모든 것을 드러나게 해주고, 수다쟁이 역시 감추는 것 없이 모든 것을 폭로해버린다. 이렇게 함으로써 '시간'은 '빠르다'나 '귀하다'라는 기존의 의미 외에 모든 진실을 드러나게 해준다는 새로운 성질을 부여받고, 또 그런 역할을 하는 것으로 의미가 확장된다. 인간이 가지고 있는 시간에 대한 의미 영역 더 넓어졌다. 이런 방식으로 인간은 자신이 누리는 세계 자체를 점차 확장해간다.

이런 시詩가 있다.

새벽에 너무 어두워
밥솥을 열어 봅니다
하얀 별들이 밥이 되어
으스러져라 껴안고 있습니다
별이 쌀이 될 때까지
쌀이 밥이 될 때까지 살아야 합니다
그런 사랑 무르익고 있습니다[11]

아무 상관없이 다른 살림을 살던 '별'과 '밥'이 시인에 의해 서로 통하게 되었다. 은유가 일어난 것이다. 저 너머에서 초월적으로 빛을 발하기만 하던 별이 새벽에 밥을 챙겨야 하는 이 세상의 신산한 삶 속으로 끼어들었다. 속세의 밥은 저 너머의 별에 접속

했다. 결국 으스러져라 껴안으면서 '별'은 '밥'으로, '밥'은 '별'로 존재적 의미가 확장된다. 인간에게 의미의 확장은 통제 영역의 확장이다. 이렇듯 인간은 은유를 통해서 세계를 넓혀간다. 세계를 넓혀주는 자가 바로 지배자 아니겠는가?

은유는 비틀기다. '밥'은 '별' 앞에서 자신의 원래 정체성이 뒤틀리고, '별'은 '밥'을 맞이하려 스스로를 비틀어놓는다. 뒤틀린 틈새를 허용하고 또 끼어들어 둘은 상대방을 의지하며 새로 태어난다. 새로 태어남, 바로 창조다.

전혀 다른 이질적인 것들을 연결시키는 것이 창조성을 드러내는 방식이다. 그래서 축적된 과거가 죽음 같은 고정성에 제한받지 않고 은유를 통해서 생명력을 새롭게 부여받으면서 현재를 뒤흔들어 미래를 향한 문을 활짝 열 수 있게 한다. 이건 마치 갇힌 지식이 열린 지혜로 바뀌는 일과 같다. 보이는 세계에서 보이지 않는 곳, 아직 오지 않은 곳을 볼 수 있게 되는 일과 같다.

그런데 이런 일은 독립적 주체한테만 가능하다는 것이 중요하다. 기존의 틀에 갇힌 사람은 과거에 갇힌 사람이자 스스로를 과거화시키는 사람이다. 자신이 자신을 지배하는 것이 아니라 바로 그 틀이 자신을 지배하고 있기 때문에 독립적이지 못하고, 독립적이지 못함으로써 이질적인 것들 사이에서 유사성을 파악하는 능력이 매우 떨어진다. 이질적인 것들 사이에서 유사성을 발견하려면, 양편의 (혹은 한편의) 정해진 틀을 해체시키는 용기가 우선 필요하다.

『장자』에 이런 얘기가 나온다. 혜자惠子가 위魏나라 왕에게서 큰 박이 열리는 박 씨를 얻어와 뒤뜰에 심었다. 얼마 지나지 않아 정말로 왕이 말한 대로 큰 박이 열렸다. 박이 얼마나 큰지 쌀을 다섯 섬이나 담을 수 있을 정도였다.

'박' 하면 무엇이 떠오르는가? 박의 용도가 무엇인가? 물바가지로 쓰거나 호리병처럼 물을 담아서 다니는 것으로 쓸 수 있다. 그런데 이 박은 너무 커서 이 두 가지 용도로는 쓸 수가 없었다. 혜자는 아무 쓸모가 없는 박이라고 그것을 깨버렸다.

혜자의 말을 듣고 나서 장자는 "박이 그렇게 크다면 그 박을 쪼개 배로 만들어서 바다에 띄워놓고 놀면 될 것 아닌가"라고 말한다.

혜자는 독립적인 사람이 아니다. 반면에 장자는 독립적이다. 혜자가 독립적이지 않은 이유는 박에 대한 기존의 관념에만 갇혀 있기 때문이다. 혜자는 박을 물을 떠먹거나 물을 담아 다니는 용도로만 제한시켜놓았다. 기존 관념의 틀을 벗어나지 못하고 있다. 혜자 스스로는 자신을 자신의 주인이라고 생각했겠지만, 사실은 박에 대한 관념이 오히려 주인 행세를 하고 있다.

장자는 혜자처럼 박에 대한 기존의 관념을 가지고 있으면서도 그것에 구속되거나 지배받지 않는다. 주인 자리를 기존의 관념에 뺏기지 않았다. 오히려 자신이 관념의 생산과 소비를 지배한다. 그래서 기존의 관념과 실재 세계가 일치하지 않으면, 기존의 관념을 새로운 세계에다 덧씌워버리는 행위를 하지 않고 새로운 세계에 맞는 새로운 용도를 과감히 생산한다. 이것을 일컬어 창의적이라고 한다.

장자는 기존 관념을 수행하는 사람이 아니다. 새로운 관념을 생산하는 사람이다. 관념의 지배를 받지 않고 관념을 지배한다. 그래서 장자는 자신의 주인으로 존재한다. 독립적이고 능동적인 주체다. 박에 대한 기존의 용도에 갇히지 않고, 본 적도 없는 거대한 '박'에게 '배'라는 새로운 용도를 연결시키지 않았는가? '박'의 외연을 '배'라는 새로운 영역으로 확장시켰다. 확실히 창의적이다.

독립적 주체는 자신의 독립성을 확보하기 위해 우선 '단절'을 감행한다. '우리' 모두 집단적으로 공유하는 기존 관념과의 단절이다. '단절'을 해야 새로운 관념의 '연결'이 비로소 가능해진다. 표주박이나 호리병과 같은 '박'에 대한 기존의 용도(관념)와 '단절'함으로써 '배'라는 새로운 용도(관념)를 생산한 것만 봐도 알 수 있다. 그러니까 '연결'을 통해서 발휘하는 창의성은 기존의 정해진 관념과 과감하게 '단절'한 독립적 주체만 할 수 있다. 기존의 것과 단절한 주체라야만 '연결'할 수 있다.

시 — 관찰과 몰입

視

어떤 대상을 집요하게 관찰할 때,
그로써 대상이 이전과 다르게 보일 때
우리는 생소함으로 깜짝 놀라는 경험을 하게 된다.
그때 비로소 대상과 나 사이에 새로운 관계가 형성된다.

궁금증과 호기심이 관찰과 몰입을 부른다

독립적인 인간은 대답에 빠지지 않고 질문한다. 질문을 가능하게 하는 힘은 각자의 내면에 있는 궁금증과 호기심이다. 그런데 이 궁금증과 호기심은 이 세계 누구와도 공유되지 않고 자신에게만 있는 매우 사적이고 비밀스럽고 고유한 것이다. 이것이 내면에 머물지 못하고 밖으로 튀어나오는 것이 바로 질문이다.

독립적인 인간은 자신을 오로지 자신에게만 있는 힘 위에 세운다. 정해진 어떤 이론이나 가치관, 어떤 질서에도 양보하지 않고 오직 자기를 자기이게만 하는 것 위에 서 있을 때, 이 사람을 비로소 독립적 주체라고 한다. 이때 발휘되는 그 사람만의 힘이 바로 궁금증과 호기심이다.

그런데 대개는 궁금증과 호기심보다는 이미 가지고 있는 신념이나 이념이나 가치관을 근거로 판단한다. 예를 들어 여기 물컵이 있다고 하자. 내가 "이 물컵을 보세요!"라고 말하면, 다들 바라보는 동작을 취한다. 하지만 정말로 그 물컵 자체를 보는 사람은 적다. 아니, 없다고 말하는 것이 더 정확할지 모른다.

물컵을 보려면 판단하지 않고 보는 능력을 발휘해야 한다. 그러면 자신의 시선을 물컵에 직접 가져다 붙일 수 있다. 그런데 대개의 사람들은 이 물컵을 보지 않고 그냥 '저것이 물컵이지'라고 판단한다. 시선을 물컵까지 가져다 붙이지 못하고, 중간에 '물컵이지!' 하고 판단해버리고는 시선을 이내 거두어들인다. 이렇게 시선을 중간에서 거두어들인다면, 우리는 그것을 '본다' 혹은 '봤다'고 말할 수 없다.

극소수의 어떤 사람은 시선을 물컵까지 갖다 접촉시킬 수 있을 뿐만 아니라(이 정도만 되어도 사실은 매우 대단하다), 물컵에 접촉한 시선을 바로 거두어들이지 않고 거기에 오랫동안 머무르게까지 할 수 있다. 이 단계를 우리는 '관찰'이라 한다. 모든 학문 활동이나 삶 속에서 더 높은 단계로 상승하려면 반드시 해야만 하는 일이다.

관찰의 능력은 어디서 오는가? 바로 궁금증과 호기심이다. 호기심이 큰 사람은 관찰을 하고, 호기심이 작은 사람은 하지 못한다. 관찰을 유지시키는 힘, 그것이 바로 집요함이고 몰입이다. 인생의 승패는 자신을 이 몰입의 단계까지 집요하게 끌고 갈 수 있느냐 없느냐가 좌우한다. 이것은 매우 중요한 사실이다. 궁금증과 호기심을 발휘하여 진실하게 보고, 거기서 더 나아가 집요한 관찰을 통해 어떤 사물이나 사건에 몰입하는 것은 인간으로서는 아주 높은 단계다.

익숙함이 생소해지는 순간의 번뜩임

대상에 대한 관찰이 집요해지면 그 대상도 무너지고 관찰하는 자신도 무너지는 단계까지 내몰린다. 익숙했던 대상에서 갑자기 생소한 점이 보이고, 그것을 보던 나 자신도 스스로에게 낯설어진다. 생소함과 낯섦 앞에서 순간 당황하고 깜짝 놀란다. 이 '깜짝 놀람'의 순간에 비로소 철학적 시선이 작동한다. 시적 상상력과 철학적 '깜짝 놀람'이 교차한다. 이렇게 해서 형성되는 새로운 관계를 절제된 언어로 정련하면서 한 편의 '시詩'가 태어난다.

「섬」이라는 시를 보자.

물 울타리를 둘렀다

울타리가 가장 낮다

울타리가 모두 길이다[12]

'섬' 하면 대부분의 사람들 머릿속에는 분명 공통적으로 떠오르는 무엇인가가 있다. 물 위에 떠 있는 거대한 흙덩어리다. 그런데 시인은 우리가 이미 가지고 있는 섬과는 전혀 다른 섬을 턱! 하니 가져다준다. 섬이라고 하는 거대한 흙덩어리를 지탱하는 물이 시인의 눈에는 울타리로 보인다.

그러고 보니 정말 그렇다. 물이 우리를 자유롭게 다니지 못하게 할 수 있으니까 울타리인 셈이다. 그런데 울타리는 일반적으로 사람의 키보다 더 높이 세워져 통행을 막으려는 것인데, 이 시인이 말하는 물 울타리는 가장 낮게 자리하고 있다. 가장 낮게 자리한 그 울타리는 또 막는 역할을 하지 않고 오히려 길이 되어준다.

함민복 시인은 기존의 관념을 가지고 섬을 '판단'한 것이 아니라 섬을 제대로 '본' 것이다. 게다가 섬을 보기만 한 것이 아니라 궁금증과 호기심을 발동시켜 자신의 시선을 그곳에 갖다 붙였다. 시선을 갖다 붙인 다음에는 계속 거기에 머물러 있도록 했다. 관찰을 한 것이다. 또 집요하게 관찰력을 유지했다.

관찰력이 집요하게 발휘되면서 '시인'도 '섬'도 달라졌다. 원래의 '시인'도 무너지고, 원래의 '섬'도 무너졌다. '시인'과 '섬'은 서로에 대하여 익숙함을 벗고, 생소한 느낌을 매개로 마주 섰다. 마침내 시인은 전혀 새로운 섬을 생산했다. 물 울타리를 두르고 울타리가 가장 낮고 울타리가 모두 길이 되는 섬은 인류 역사에 한 번도 있어본 적이 없다. 최초의 섬이자, 유일하고도 고유한 섬이 탄생했다.

철학은 '경이'로부터 시작된다

'창조'란 바로 이런 것이다. 창조적 차원의 사유가 발동될 때, 가장 근저에서 먼저 꿈틀대는 것이 바로 궁금증과 호기심이다. 궁금증과 호기심이 인간을 가장 독립적으로 만들고 고독을 자초하게 한다. 고독하고 독립된 상태에서 그 사람을 그 사람이게 하는 힘, 그것이 궁금증과 호기심이다. 이것이야말로 탁월함으로 인도하는 원초적인 힘이다.

궁금증과 호기심을 지닌 채 진실하게 보고 집요하게 관찰하면, 대상은 지금까지 봐왔던 것과 전혀 다르게 보이며 흔들린다. 이때 이전에는 느껴본 적이 없던 생소함이 등장하고, 그러면 깜짝 놀라게 된다. 그것을 플라톤과 아리스토텔레스는 '경이Thaumazein'*라고 했다.

고독을 자초하는 독립적 주체가 궁금증과 호기심을 가지고 어떤 것을 집요하게 관찰하면 그것이 새로운 모습으로 등장하면서 관찰자는 심리적으로 동요하게 되는데, 이것이 '경이'다. 경이는 익숙함과 결별하는 확실한 신호다. 독립과 고독은 이때 완성된다. 모든 철학서에 철학이 경이로부터 시작된다고 쓰여 있는 이유다. 경이로움 속에서는 가장 익숙했던 것이 가장 생소해진다.

신의 음성이 가장 익숙한 시대였지만, 탈레스에게는 신의 음성이 갑자기 어색하고 생소해졌다. 이 생소함을 거부하지 않았기 때문에 "만물의 근원은 물이다"라는 혁명적 관점이 제기될 수 있었다. 인간의 능력은 신의 은총에 의해서 결정된다는 믿음이 가장 익숙한 세계관이던 시대에, 베이컨에게는 갑자기 그 세계관이 어색해졌다. 이 어색함으로 "아는 것이 힘이다"라는 전혀 새로운 세계관을 낳게 되었다. 인간의 능력은 얼마나 많이 그리고 얼마나

* 플라톤과 아리스토텔레스는 철학의 시초를 '타우마제인'이라고 했는데, '타우마제인'은 '놀란다'는 뜻으로 사물에 대한 지적 경이감을 뜻한다.

정확히 아느냐가 결정한다는 전혀 새로운 세계가 열린 것이다.

독립적 주체로 선다고 했을 때 그 독립은 강제적으로나 수동적으로 맞이할 수 없다. 스스로 해야만 한다. 고독도 스스로 자초한 것이다. 즉 기존의 지식과 이론에 근거해서 대답만 하는 것이 아니라, 기존의 모든 것들과 결별하고 낯설어지는 실험을 감행한다. 철학은 여기서 출발한다.

용 — 기존의 것과 불화를 자초할 수 있는 용기

勇

탁월한 높이에서의 사유,
그곳으로 가는 독립은 다른 말로 '용기'다.
기존의 것과 빚어지는 불화를 자초하고 감당하는 용기야말로
자신의 힘만으로 우뚝 서 있을 때 발휘되는 또 하나의 힘이다.

홀로 밝은 빛을 보는 즐거움

고독을 자초한 인물의 모범으로 장자를 들 수 있다. 사마천의 『노자한비열전老子韓非列傳』에는 한 일화가 나온다.

장자가 훌륭한 인물로 소문 나자 초나라 왕이 장자를 반드시 재상으로 모셔오라는 당부와 함께 천금을 들려 사신을 보낸다. 이때 장자가 말한다.

천금도 큰돈이고 재상 자리도 높은 자리이긴 합니다. 하지만 당신은 제사용으로 끌려가는 소를 보지 못했습니까? 제사용으로 쓰려는 소는 몇 년을 잘 먹여 키우죠. 그러니까 그 소는 자신을 대단하게 생각합니다. 그리고 제삿날 당일에는 깨끗이 씻기고 비단 옷을 입혀 끌고 가죠. 이때까지만 해도 의기양양하던 소는 제사장이 가까워지자 비로소 자신의 처지를 깨닫고 속으로 흐느낍니다. '내가 소로 태어나지 말 것을, 차라리 보잘것없는 돼지가 될 걸. 그랬으면 이런 일이 없었을 텐데….' 하지만 이렇게 후회한들 아무 소용이 없다는 것을 잘 아시지요? 그러니 내게 그런 제안하지 말고 돌아가시오.

그러고 나서 장자는 "더러운 진흙 구덩이에서 나 자신만의 즐거움을 택할지언정, 통치자에게 얽매이는 삶을 살지는 않겠다"고 일갈한다. 여기서 '나 자신만의 즐거움'을 '자쾌自快'라고 표현하는데, 이 '자쾌'는 독립적인 삶을 말한다. 의존적인 쾌락이 아닌 내 안에서 내가 생산해낸 나만의 고유한 쾌락, 이것이 '자쾌'다.

이것이 자유고 독립이다. 이 자유와 독립을 갖춘 주체가 자신의 힘에만 의지해서 새로운 빛을 발견하는 과정을 '철학한다'라고 한다. 이런 철학적 활동을 통해서만 새로운 빛을 볼 수 있다.

『장자』「천지天地」 편에 나오는 말이다.

오묘한 어둠 속에서 사물을 보고, 소리 없는 고요 속에서 소리를 듣는다. 오묘한 어둠 속에서 홀로 밝은 빛을 보고, 아무 소리 없는 곳에서 홀로 조화로운 소리를 듣는다.

(시호명명視乎冥冥, 청호무성聽乎無聲. 명명지중冥冥之中, 독견효언獨見曉焉; 무성지중無聲之中, 독문화언獨聞和焉.)

'변화'는 이 틀에서 저 틀로 넘어가는 일이다. 현재의 틀은 나에게 익숙한 개념과 문법으로 모두 번역되기 때문에 매우 선명하고 분명하다. 아직 오지 않은 세계 혹은 아직 열리지 않은 세계는 익숙한 개념과 문법으로 파악되지 않는다. 다른 말로 표현하면, 지금 이 틀 안에 있는 사람에게 앞으로 다가올 새로운 틀은 아직 암흑이거나 오리무중이다.

모든 창조적 행위자는 익숙한 문법 속에 있으면서 오리무중의 열리지 않은 세계를 바라보다가 아직 등장하지 않은 문법을 먼저 예민하게 느끼고 반응한다. '오묘한 어둠'으로 있는 열리지 않은 세계 속에서 고요히 '홀로' 빛을 본다.

아직 오지 않은 새로운 틀에서 들려오는 소리들은 지금의 문법으로 정리될 수 없다. 그렇기 때문에 현재의 틀에 갇힌 사람에게는 아무 소리도 없는 거나 마찬가지다. 그야말로 오리무중이다.

'참인간'은 오리무중 속에서 '홀로' 조화로운 소리를 듣는다. 장자는 계속 '홀로'라는 부사를 사용한다. 대다수가 공유하는 '이미 있는' 문법에 갇히지 않는 사람은 '우리'를 벗어난 '나'일 수밖에 없다. 광활한 우주에 홀로 우뚝 선 사람이다. 모든 창조자들이 유일한 사람이자 고독한 사람이 아닐 수 없는 이유다. '홀로' 남겨진 고독한 사람이 본 '밝은 빛'과 '조화로운 소리'는 이전에 있어본 적이 없다. 창조가 일어난 것이다. 이는 '자쾌'하려는 의지를 가진 사람에게만 가능하다. 독립적 주체만이 할 수 있다.

세상과의 불화를 자초하는 것, 그것이 용기

철학자들은 오묘한 어둠 속에서 홀로 밝은 빛을 본 사람들이고 홀로 조화로운 소리를 들은 사람들이다. 홀로 조화로운 소리를 들은 사람들은 다 독립적 주체다. 그리고 그 독립적 주체들은 궁금증과 호기심을 기반으로 홀로 서 있기 때문에 예민하다.

지금은 왜 궁금증과 호기심에서 형성된 예민함이 상실되어가는가? 이미 있는 것을 습득하여 확대 심화시키는 일에만 열중하기 때문이다. 정해진 것을 믿고 수용하는 데 더 익숙하기 때문이다. 학교에서는 생각하는 능력을 배양시키기보다는 주로 생각의 결과들을 숙지시킨다. 버트런드 러셀의 이야기를 들어보자.

> 지적 모험심은 어른보다는 젊은이들 사이에서 훨씬 흔하게 볼 수 있다. 그것은 어린이들 사이에서는 아주 흔하게 볼 수 있고, 가상 놀이와 공상의 시기를 거치면서 자연스럽게 성장한다. 나이가 들면서 그것이 희귀해지는 까닭은 모든 교육 과정이 그것을 말살하는 방향으로 이루어지기 때문이다. 사고는 전복적이고 혁명적인 것, 파괴적이고 가공할 만한 것이다. 사고는 특권과 기성제도와 편안한 습관을 무자비하게 다룬다. 사고는 무정부적이고 법률로 제어할 수 없으며 권위를 중시하지 않고 여러 세계를 거치면서 정교화된 지혜를 대수롭지 않게 여긴다. 사고는 지옥을 들여다보고 지옥을 무서워하지 않는다. 사고는 인간을 깊이를 알 수 없는 침묵에 둘러싸여 있는 희미한 알갱이로 본다. 그러나 사고는 마치 자신이 만물의 영장인 듯이 확고하고 당당하게 처신한다. 사고는 거대하고 재빠르고 자유로우며, 세계를 비추는 빛이며, 인간의 가장 큰 자랑거리이다.[13]

철학적 사고는 분명히 전복적이다. 철학적 사고를 하는 사람은 얌전하지 않다. 사고의 야성을 놓치지 않는다. 이미 있는 모든 것들에 답답해하고, 스스로 그것들과 불화를 빚는다. 이미 있는 모든 것들이 편안하고 좋아서 얼른 그 안으로 들어가고 싶은 사람은 탁월한 단계에 이를 수 없다. 창조적 탁월함은 기존의 것들을 불편하게 느끼면서 비로소 시작된다.

우리는 지금까지 철학적 사고의 높이를 말했다. 철학적 수준의 사고를 하려면 독립적 주체로 우뚝 서야 한다. 그런데 독립적 주체로 우뚝 서면, 기존의 모든 것이 낯설고 생소하게 보이는 불안정한 심리 상태와 마주친다. 불안이 자신에게 다가올 때 독립적이지 않은 사람은 불안을 견디지 못하고 이것을 해소하여 편안함으로 바꾸려 한다. 독립적 주체는 불안을 편안함으로 바꾸려 하지 않고 불안 그대로를 감당한다. 그대로 품어버린다.

우리가 쉽게 믿음 속으로 빠져드는 이유는 그렇게 하면 편하기 때문이다. 무엇인가를 믿고, 모든 문제를 그 믿음의 기준으로 해석하면 항상 명료하다. 믿음을 가지면 편안하다. 하지만 믿고 편안하면, 인간은 딱 거기까지다. 믿음의 내용 그 이상으로 넘어갈 수 없다.

탁월한 인간은 항상 '다음'이나 '너머'를 꿈꾼다. 우리가 '독립'을 강조하는 이유도 '독립'으로만 '다음'이나 '너머'를 기약할 수 있기 때문이다. '다음'이나 '너머'는 아직 알려져 있지 않다. 그래서 불안할 수밖에 없다. 그 불안이 힘들어서 편안함을 선택하면,

절대로 '다음'이나 '너머'를 경험할 수 없다.

이때 불안을 감당하면서 무엇인가를 감행하는 것이 '용기'다. 탁월한 높이에 도달할 가능성이 있는 사람은 불안을 자초하거나 감당한다. 불안을 견디지 못하여 쉽게 믿음에 빠지지 않는다.

진정한 용기는 삶의 불균형을 과감히 맞이하는 것

독립된 삶을 강조하고 독립할 수 있는 용기를 내라고 하면 그것이 혹여 객기는 아닌지 우려하는 사람이 있다. 대개의 모범생들이 이런 태도를 취한다. 여기서 드는 의문이다. 우리는 왜 용기가 객기로 흐르는 것을 그리도 두려워하는가?

생각해보자. 나의 생각이 합리적인가 아닌가를 따진다고 할 때, 그 합리성을 증명하는 근거들은 이미 있는 것들일 수밖에 없다. 그래서 합리성을 검증하려는 태도가 이미 있는 체제에서 벗어나는 용기를 발휘하지 못하게도 한다. 왜 생각이 꼭 합리적이어야만 하는가? 왜 기존에 있는 어떤 것들과 반드시 조화를 이루어야 하는가?

무엇보다 중요한 것은, 생각이 기존에 있는 모든 합리성으로부터 이탈하더라도 두려워하지 않을 용기다. 왜 생각들이 항상 합리성으로 무장되어 있어야 하는가? 합리적이지 않을 수도 있다. 모가 날 수도 있고 거칠 수도 있다. 모가 나고 거친 그 길을 가면 왜 안 되는 것인가? 왜 그 길이 내 길이면 안 되는 것인가?

합리성에 집착하기보다는 꿈을 꾸자. 꿈은 언제나 이룰 수 없는 것처럼 보인다. 이미 있는 관점들로 명료하게 해석되어 합리적으로 보이거나 이룰 수 있는 것처럼 보인다면, 그것은 이미 꿈이 아니다. 착실한 계획일 뿐이다. 꿈은 원래 거칠고 비합리적이며 돌출적이다.

아무튼 지금은 객기와 용기의 구분에 집착하는 것보다 객기보다는 용기를 향해 나아가겠다는 의지를 갖는 일이 더 중요하다. 지성의 훈련이 계속되면 객기와 용기는 나의 내면에서 충분히 분별된다. 그러니 걱정 마시라.

다시 베이컨을 소환해보자. 그가 "아는 것이 힘"이라고 했지 않는가? 이전 사람들이 모두 다 신의 은총이 인간의 힘을 결정한다고 말할 때 베이컨은 홀로 앎이 힘의 근거가 되는 세계로 이동하고 있는 것을 보게 된다. 그런데 베이컨이 생각한 "아는 것이 힘이다"라는 것을 합리적으로 증명해줄 기제는 그때까지 하나도 나오지 않았다. 베이컨이 "아는 것이 힘"이라는 이 주장의 합리성 여부를 당시 상황에서 매우 심각하게 고려했다면 한 발짝도 앞으로 나아가지 못했을 것이다.

이렇듯 탁월함이나 소피아를 추구하는 철학적 인간은 자신을 기존에 있는 것으로부터 격리시켜 고독하게 놓아둔다. 그러면 그는 어느 순간 어떤 것으로도 설명할 수 없는 단계를 맞이한다. 그때 기존의 해석 방식을 수용하기보다 새로운 방식을 만들려는 용기를 발휘한다면 합리성 여부를 지나치게 따질 필요가 없다. 그보다는 이것을 끝까지 밀고 나갈 것인가 말 것인가를 훨씬 더 많이 고민해야 한다. 사실상 어느 정도의 지적 능력을 가지고 있는 사람이라면, 스스로 과하게 걱정해야 할 정도로 비합리적일 수는 없다.

자신한테 등장하는 새로운 생각을 기존에 있는 합리적 조건 속에서 해석하려고만 하는 것은 너무 점잖 떠는 것이 아닌가? 러셀의 말을 인용한 것도 그 때문이다. 철학적 사고는 전복적이고 혁명적인 것, 파괴적이고 가공할 만한 것이라는 그의 웅변을 새겨들을 필요가 있다. 철학적 사고는 특권과 기성 제도와 편안한 습관을 무자비하게 다룬다. 차분한 균형 상태를 즐기기보다는 불안한 불균형을 과감하게 맞이할 필요가 있다. 오히려 그 불균형을 생산해야 한다.

철학은 사유를 사유하는 것이 아니라 세계를 사유하는 것

어떤 사람들은 자신이 하는 일이 제대로 선택된 것인지 아닌지를 계속 반추하며 시간을 보낸다. 선택의 적합성 여부를 분명히 하려는 것으로 인생의 대부분을 보내는 사람도 있다.

어느 정도의 수양을 거치고 적당한 지적 훈련을 받은 사람이 하나의 지향점을 발견하고 자신의 인생을 거기에 투입해도 좋겠다는 결정을 내렸다고 해보자. 그가 정말로 고려해야 할 무엇인가가 따로 있겠는가? 나는 따로 더 고려해야 할 것이 없다고 본다. 거기에 몰입하는 일 외에 따로 고려할 것은 존재하지 않는다. 문제가 등장한다면 그것은 자신이 책임지거나 감당하면 된다. 내가 하고 삶은 그것이 우연한 객기에서 나온 게 아니라 어느 정도의 단련을 거쳐서 나온 판단이라면, 그다음은 좌고우면할 것이 없다. 그냥 하면 된다.

자기가 선택한 길이 맞는 길인지 아닌지를 고민하기보다는 자기가 선택한 길을 스스로 맞는 길이라고 확신하고 견지하는 일이 더 중요하다. 조금 하다가 힘들면 혹시 내게 안 맞는 길이 아닌가 하고 계속 고민하는 일은 일견 진실한 태도처럼 보일 수 있지만, 전혀 그렇지 않다. 그것은 게으름과 나약함의 다른 표현일 뿐이다. 물론 이는 그 선택이 자신의 진실한 내면에서 나온 것이라는 점을 전제하고 하는 말이다.

앞에서 어느 기자에게 건명원의 성공 여부를 묻는 질문을 받은 적이 있다고 말했다. 그 기자는 결과와 효과를 궁금해했다. 하지만 우리는 희망과 꿈을 실현하는 데에만 초점을 맞추면 되지, 그것의 성공 여부에 대한 관심을 지나치게 가질 필요는 없다. 꿈과 희망이 어떤 결과를 가져올지는 사실 누구도 분명하게 알 수 없다. 설령 분명하게 예측한다고 해도, 그 예측은 지금 현재 있는 문법으로써의 예측일 뿐이다. 꿈이 실현할 세상의 문법은 아직 오지도 않았다. 과거의 틀을 가지고 미래를 결정하면 안 된다. 꿈에 대한 합리적이고 분명한 예측을 하고 평가를 내리려는 순간, 꿈의 동력은 오히려 상실된다.

우리는 무엇인가를 시도할 때, 일관성coherence이라든지 타인의 시선이라든지 하는 것들을 거의 습관적으로 의식한다. 자신의 사유를 건립할 시기에 건립하는 도전을 배우지 못하고 이미 기존에 있는 것들을 받아들이는 습관을 먼저 배우며 성장해왔기에 그렇다. 그러니 영향을 안 받으려야 안 받을 수가 없다. 예를 들어 우리가 무슨 철학을 하든지 제일 먼저 하지 않으면 안 되는 일이 철학사 공부다. 철학사 공부를 통해서 지금 내게 등장한 철학적 문제가 철학사의 흐름과 연결되어 있음을 발견한다. 어떤 철학이든지 전적으로 돌출적일 수는 없다. 누구나 기존에 있는 것들로부터 훈습을 받지 않을 수 없는 실존적 조건에 있다.

내가 강조하는 것은 지성을 고양시켜 실존적 조건을 이겨내면서 독립성을 확보하자는 것이다. 독립성에 대한 열망이 크면 독립성이 확보될 가능성도 커진다. 그렇지 않고 기존 흐름과의 연결성이나 일관성을 지나치게 따지기 시작한다든지 혹은 다른 사람에게도 정말 설득력이 있을까를 따지기 시작하면, 독립을 향한 용기가 위축될 가능성이 크다. 일관성이랄지 합리성에 집착하는 태도는 가끔 '사유의 구조물'인 이론에 깊이 빠지는 결과를 낳는다.

거듭 말하지만, 이론은 사유가 아니라 사유의 결과물이다. 철학적 사유는 직접 세계 속에서 문제를 발견하는 일이다. 사유의 결과물인 '이론'에 갇히면, 사유의 대상인 '세계'에 직접 접촉하려는 용기가 약해진다. 철학적 사유 대상은 기본적으로 현실이고 당장의 세계가 아닌가.

철학적 사유는 기본적으로 세계를 사유하지 사유의 결과를 사유하지 않는다. 우리는 사유 그 자체에 매몰되지 않고 자신만의 높은 시선으로 세계와 직접 접촉할 수 있어야 한다. 이미 있는 모든 이론들은 세계에 접촉하려는 여행길에 봉사시키려고 데리고 다니는 노비다. 부디 그것들이 주인 행세를 하지 못하도록 하기 바란다.

人

4강

진인眞人 : 참된 나를 찾다

"나는 참된 나 자신으로 존재하는가?"
삼풍백화점 붕괴부터 세월호 침몰까지 그동안의 재난은
눈에 보이지 않는 미래에 대한 준비와 훈련이 부족한
우리 한국 사회의 슬픈 자화상이다.
다산 정약용 선생이 "신아구방新我舊邦"의 정신으로
"나의 낡은 나라를 새롭게 하겠다"고 외쳤듯이
우리는 기존의 관념에서 빠져나와 부지런히 새로운 지적 활동을 해야 한다.
온전한 덕을 갖추고 주체적으로 우뚝 서 은유할 수 있는
참된 '나'를 찾아야 한다.

창 創 — 훈고의 기풍에서 창의의 기풍으로 이동

타인이 남긴 생각을 따지는 훈고의 기풍에서 벗어나
생각의 주도권을 갖고 스스로 뜻을 세우는
창의의 기풍으로 우리 삶을 채우는 일은
자신과 나라를 독립적이고 주체적으로 만든다.

창의의 기풍은 생각의 주도권을 갖는 것

우리는 철학적 지식이 아니라, 어떻게 철학적 사유의 높이에 도달하고 어떻게 그 높이에서 철학적 활동을 할 것인가를 계속 말하고 있다. 결국 '생각'을 말하고 있다. 생각의 중요성은 주위를 잠시만 돌아보면 알 수 있다. 자연 세계를 제외하고, 이 세계에 존재하는 것은 다 생각의 결과다.

버스, 지하철, 칫솔, 모자, 교실 등등이 모두 생각의 결과들이다. 구체적인 물건들만 그런 것이 아니다. 민주주의, 독재, 공화제, 사회주의 등등과 같은 제도나 이념들도 그렇다. 정치, 교육, 법률의 제도들도 모두 다 생각의 결과들이다. 그러니까 생각을 추적하고 그것을 이해하는 일은 인간을 가장 높은 차원에서 혹은 가장 근본적인 차원에서 이해하는 일이다.

개인이나 사회나 국가의 수준은 사실 그 개인이나 사회나 국가가 가진 생각의 높이일 뿐이다. 생각의 높이가 시선의 높이를 결정하고, 시선의 높이가 활동의 높이를 결정하며, 활동의 높이가 삶의 수준을 결정한다. 결국 생각의 높이가 세계의 수준을 결정한다.

그래서 생각을 추적하는 일은 매우 중요하다. 즉 생각을 자발적으로 한다는 것은 삶을 자발적으로 운영한다는 말이 되고, 반면에 다른 사람의 생각을 이용해서 산다는 것은 다른 사람을 추종하며 산다는 말이 된다.

다른 사람이 해놓은 생각의 결과들을 수용하고 해석하는 것으로 자기 삶을 꾸리고 세계를 운용하는 것을 '훈고'라고 한다. 사실상 우리나라는 장기간에 걸쳐서 다른 사람이 해놓은 생각의 결과들을 수용하는 방식으로 삶을 꾸려왔다. 훈고적 삶이 아닐 수 없다.

말하기 싫지만 이제는 분명히 알아야 한다. 우리나라는 지금껏 남의 것을 열심히 추종해서 모방하는 것으로 삶의 대부분을 채웠다. 조선시대에는 중국의 이데올로기, 일제강점기에는 일본의 이데올로기, 건국(정부수립) 이후로는 미국의 이데올로기로 살았다. 주된 흐름은 대부분 이러했다. 이처럼 생각을 따라하다 보니 생각의 결과들도 대부분 따라서 한 것들로 남았다. 산업도 전반적으로 '따라하기'로 되어 있다. '따라하기'를 잘해서 이른바 '재빠른 추격자fast follower'의 대표 주자가 되었다.

'추격자'로서의 역할이 나쁜 것만은 아니다. 우리는 그 역할을 잘해서 집약적인 경제 발전과 정치 발전을 이뤄냈으니 말이다. 문제는 '따라하기'로 큰 발전을 이루고 난 다음이다. 앞에서 계속 강조했듯이 지금부터가 문제라는 뜻이다. '따라하기'로는 효율성을 더 이상 높일 수 없고, 그만큼 이익 창출이 어려워졌다.

이제는 우리 사회의 지속적 발전을 위해 우리가 가는 길을 한 단계 더 높일 수밖에 없다. 중진국 수준까지 끌고 온 급속한 경제 발전을 바탕으로 삼아 선도적이고 선진적인 단계로 상승하지 않으면 우리는 생존을 위협받는 어려움에 직면할 수도 있다.

훈고적 기풍으로 쌓은 부와 정치 발전을 한 단계 상승시키기 위해서는 사회를 창의적 기풍이 작동하도록 추동시켜야 한다. 쉽게 말해서 생각의 주도권을 발휘해야 한다. 다른 사람의 생각을 수용만 하는 것이 아니라 내가 독립적으로 생각할 수 있어야 한다. 창의의 기풍이 넘치는 사회를 만들어야 더 자유롭고 독립적이며 주도적일 수 있다.

지적으로 부지런한 사람이 되어야 한다

훈고의 기풍은 대개 다른 사람이 만든 이론을 그대로 따라 배우거나 자기 삶의 근거를 다른 사람이 만들어놓은 지식 체계나 이념 체계에서 찾게 한다. 내 고유한 생각으로 내 삶을 꾸리는 것이 아니라, 다른 사람이 이미 해놓은 생각의 결과로 내 삶을 꾸린다. 왜 이렇게 되는가? 지적으로 게으르기 때문이다.

'따라하기'는 쉽고 편하지만 주도적으로 생각하는 일은 어렵고 힘들다. 요즘 TV를 보면 어느 방송국에서나 이런저런 음식 관련 방송을 한다. 소위 '쿡 방'이다. 그리고 어느 방송국에서나 이런저런 노래 경연 방송을 내보낸다. '쿡 방'을 처음 만든 사람이나 노래 경연 방송을 처음 만든 사람은 창의적 시도를 감행하면서 온갖 생각에 잠을 설치고 많은 불안을 극복하였다. 그런데 '쿡 방'이 인기가 있는 것으로 보이기 시작하면, 다른 방송사에서 모두 너나 할 것 없이 '따라하기'한다.

이렇게 '따라하기'를 하면 최초의 사람이 겪었던 고뇌와 숙고와 불안을 겪지 않을 수 있다. 매우 편하고 안전하다. 편하고 안전한 느낌이 너무 크기 때문에 따라하면서 느끼는 '쪽팔림' 정도는 아무것도 아니다. 그러다가 결국에는 스스로도 '쪽팔림'을 모르게 되어버린다. 매출이 올라가고 시청률이 나와주기만 하면 오히려 따라하고도 당당하다. '쪽팔림'이 사라지면서 너도 나도 창피해하지 않고 따라하기에 동참한다. 염치를 모르는 사회가 되어버린다.

결국은 여기나 저기나 모두 아무 개성도 없고 차이도 없는 천편일률적인 방송으로 전락해버린다. '따라하기'가 주는 편안함과 안전함이 '쪽팔림'마저도 느낄 수 없게 만들고, 결국 모두가 어떤 차별성도 없이 몰개성화되면서 공멸한다.

자신의 개성을 유지하고 독립적인 삶을 사는 일은 이 '편안함'과 '안전함'에 빠지지 않고, 다가오는 불안과 고뇌를 감당하며 풀릴 길이 보이지 않는 문제를 붙들고 계속 파고들어야 한다. 이것이 '지적인 부지런함'이다.

대답에만 빠지는 일도 지적으로 게으르기 때문이다. 이미 품고 있는 지식과 이론을 요구에 따라 그냥 뱉어내기만 하는 일은 편하다. 이에 비해 질문은 지적으로 부지런한 사람만 할 수 있다.

새로 등장하는 조짐이나 신호에 대해서 '좋다' '나쁘다'로 즉각 반응하는 일도 지적으로 게으르기 때문이다. '좋다'거나 '나쁘다'라는 판단은 이미 내면화된 가치관을 근거로 해서 거기에 맞느냐 맞지 않느냐만 따진다. 이때는 숙고가 필요하지 않다. 이미 있는 가치관이 등장하여 즉각적인 판단을 해주기 때문이다. 편리하다.

지적으로 부지런한 사람은 편한 길을 애써 피하고, 그 조짐의 의미와 방향에 대해서 부단히 숙고한다. 그렇기에 힘들고 불안하다. 힘들고 불안한 내면을 극복하고 계속 질문을 해대는 일은 지적으로 부지런하지 않고는 할 수 없는 일이다.

창의적 결과나 독립적 활동은 지적으로 부지런한 사람에게만 가능하다. 지적인 편안함을 추구하는 사람은 질문을 발휘하는 능력이 점점 퇴화되어 궁금증과 호기심도 점차 줄어든다. 하지만 지적으로 부지런한 사람은 불편함을 이겨내고 질문을 생산하려는 시도를 계속하기 때문에 궁금증과 호기심이 살아 있다.

지적인 편안함에 빠져들면 들수록 인간은 급격히 늙어간다. 반면 궁금증과 호기심이 살아 있다면, 그는 결코 늙은 사람이 아니다.

창의의 기풍은 인격의 문제다

물컵을 본다고 했을 때, 실제로 그 물컵을 정말로 보는 사람은 그렇게 많지 않다고 했다. 대개는 이미 가지고 있는 관념들을 조합시켜 그냥 '물컵'이라고 '판단'하고는 중간에 시선을 거둬들인다. 보지 않고 중간에 판단해버리면 자기가 가지고 있었던 물컵에 대한 기존의 인식 이상을 얻을 수 없다. 하지만 물컵을 정말로 보는 사람은 자신의 시선을 물컵까지 보내고 또 시선을 거기에 계속 머무르게 할 수 있다.

시선을 물컵까지 보내고 또 거기에 머무르게 할 수 있는 사람은 지적으로 부지런한 사람이다. 부지런하지 않고서는 시선을 대상에 가져다 붙이고 또 머물게까지 하는 수고를 감당하지 못한다. 지적으로 부지런하면, 정해진 판단에 머무르지 않고, 어떤 현상이 감추고 있는 진실을 향해 계속 돌파해 들어간다. 이미 있는 인식 너머로 넘어가려고 부단히 노력한다는 뜻이다. 우리는 이래야 한다.

훈고의 기풍을 벗어나 창의의 기풍을 세운다는 것은 이렇듯 지적인 게으름을 벗어나 지적인 부지런함을 회복한다는 의미다. 문제는 관찰, 통찰, 사유의 집요함 같은 부지런함이 지식적인 차원이 아니라 인격적인 차원의 것이라는 점이다.

여기에 어려움이 있다. 나와 사회를 창의적이고 창조적인 기풍으로 채우는 일은 결국 나와 사회를 인격적으로 성숙시키고 준비시키는 일이기 때문이다.

지식의 습득보다 인격적 성숙은 난이도가 훨씬 높다. 후진국에서 중진국으로 올라가는 것보다 중진국에서 선진국으로 올라가는 난이도가 말할 수 없을 정도로 커져버리는 것도 선진국으로 올라서도록 해주는 대부분의 조건이 인격적 차원의 것이라는 점 때문이다.

대답은 기능이지만, 질문은 인격이다. 창의성은 발휘하는 것이 아니라 튀어나오는 것이다. 인격이라는 토양에서 튀어나온다. 삶의 깊이와 인격적 성숙에 관심을 가지고 그것들을 중요시해야 하는 이유다.

기존의 '나'를 죽여야 새로운 '나'가 드러난다

인격의 문제를 매우 깊게 제기한 장자는 『장자』「대종사大宗師」편에서 이렇게 말한다.

> 참된 사람이 있고 나서야 참된 지식이 있다.
> (유진인이후유진지有眞人而後有眞知)

참된 지식은 이 세계를 제대로 반영해주는 진실한 지적 체계다. 인격적으로 참되지 않으면 참된 지식이라는 것이 애초부터 열리지 않는다. 다른 사람들과는 다른 차원에서 지적인 통찰을 발휘하거나 새로운 이론을 건립하거나 창의적인 관점을 제기하는 일 등은 모두 그럴만한 인격이 갖추어지고 나서야 비로소 가능해진다.

같은 환경에서 자라고, 같은 교육을 받고, 비슷한 지적 능력을 가진 사람들 사이에서 어떤 사람은 그냥 평범한 학자로 남고, 어떤 사람은 인류에게 빛을 보여주는 사람으로 등극한다. 도대체 어떤 차이가 있어서 이렇게 달라지는가?

결국은 '사람'의 차이다. 인격의 차이다. 인류에게 빛을 보여주는 참된 지식의 생산은 그럴만한 인격적 함량을 가진 바로 '그 사람'만이 할 수 있다. 모든 일들이 다 그 일을 하는 바로 '그 사람'의 크기와 깊이를 그대로 반영한다.

누가 참된 사람인가? 장자 철학의 핵심을 담고 있는 『장자』「제물론齊物論」편에 이런 이야기가 나온다.

스승 남백자기南伯子에게 안성자유顏成子游라는 제자가 있었다. 안성자유가 어느 날 자기 스승을 보니 앉은뱅이책상에 기대고 앉아 있는 모습이 예전과 사뭇 달라 보였다. 그래서 이렇게 말한다.

"지금 선생님 모습이 예전과는 좀 다릅니다."

그래서 어떻게 다르냐고 스승이 물으니, 제자는 다시 이렇게 말한다.

"선생님 모습이 꼭 실연당한 사람 같습니다."

실연을 당하면 어떻게 되는가? 일단 어깨가 축 처진다. 짝을 잃은 사람은 불 꺼진 재나 마른 나무처럼 풀기가 없이 무너져내린다. 다 타고난 재는 불이 꺼진 후 겨우 형태만 남아 있다가 손만 대면 으스러진다.

안성자유가 봤을 때 예전의 스승은 책상에 앉아 있을 때 온전한 자기 모습을 갖추고 있었는데, 오늘 보니까 실연당한 사람처럼 자신이 자신으로 존재하지 못하고 무너져내렸다.

남백자기가 제자를 칭찬하면서 말한다.

"안성자유야, 너 참 똑똑해졌구나. 그것을 어떻게 알았느냐?"

그러고는 분명한 어조로 결론을 맺듯이 다시 한번 이렇게 말한다.

나는 나를 장례 지냈다.

(오상아吾喪我)

나는 "나는 나를 장례 지냈다"는 이 말을 좀 더 직설적이고 자극적으로 표현하고자 '자기살해'라 한다. 똑똑하건 똑똑하지 않건 모든 사람은 다 각자 세계를 보는 나름대로의 시각, 즉 이론과 지적 체계를 가지고 있다. 그것을 기준으로 세계와 관계한다.

그 이론이나 지적 체계들, 가치관이나 신념이나 이념들은 사실 생산되자마자 부패가 시작된다. 그런데 우리는 모두 그 부패되고 있는 신념이나 이념을 매우 강력하고 분명한 가치관으로 신봉하면서 그것으로 무장하고 있다. 우리는 각자의 가치관들로 채워져 있는 가치의 결탁물이다.

장자는 가치의 결탁물인 자기를 '아我'로 표현하고, 가치의 결탁을 끊고, 즉 기존의 자기를 살해하고 새로 태어난 자기를 '오吾'로 새겼다. 가치관으로 결탁된 자기를 살해하지 않으면 진정한 자기 자신으로 드러날 수 없다.

자기살해를 거친 다음에야 참된 인간으로서의 자신이 등장한다. 참된 인간을 장자는 '진인眞人'이라고 한다. '무아無我'도 글자 그대로 '자신이 없다'는 뜻이 아니라 참된 자기로 등장하는 절차다. 그래서 무아는 '진아眞我'와 같아진다. 진인으로 새롭게 등장한 달지 진아로 우뚝 서는 일을 다양하게 표현하는데, 그것을 반성이라고도 하고, 각성이라고도 하며, 깨달음이라고도 한다.

자기살해 이후 등장한 새로운 '나', 이런 참된 자아를 독립적 주체라 한다.

살 —— 기존의 가치관을 모두 벗어던지다

殺

장자의 '자기살해'는
기존의 가치관에 결탁되어 있는 나를 죽임으로써
궁금증과 호기심으로 통찰력을 발휘할 수 있는
'허심虛心'의 상태를 갖게 한다.

자유란, 모든 것이 나로부터 말미암은 상태

앞서 장자 이야기를 하다 보니 '종속적 주체'와 '능동적 주체'를 말한 미셸 푸코Michel Paul Foucault*가 떠오른다. 그는 근대 사회는 주로 종속적 주체들로 구성되었지만, 앞으로 우리가 나아가야 할 길은 능동적 주체로 구성된 삶이어야 한다고 주장했다.

푸코는 근대적인 인간을 왜 종속적인 주체라고 했는가? 여기서 먼저 '주체'의 의미를 살펴볼 필요가 있다. 사람들은 무슨 활동을 하거나 판단을 할 때 자기 자신이 한다고 생각한다. 내가 결정하고 내가 판단한다는 것이다. 이때 자기가 주도적인 결정과 행동을 한다고 여기는 자의식이 있는 상태의 사람을 주체라고 한다.

그런데 문제는 그렇게 간단하지 않다. 나라고 하는 자아의식이 보통은 자기로부터 생산된 것이라기보다는 사회적으로 이미 만

* 1926~1984. 치밀한 사료 분석을 통해 한 시대나 개별적인 사건에 주목했던, 후기 구조주의의 대표 철학자. 서양 문명의 핵심인 합리적 이성의 독단적 측면을 비판하고 광기(狂氣)의 정확한 의미와 역사적 관계를 파헤친 것으로 유명하다.

들어진 보편적인 생각을 각자가 내면화해서 그것을 '나'라고 생각한다. 자신이 활동하고, 자신이 생산하고, 자신이 생각하고, 자신이 판단한다는 의식을 가지고 있다는 점에서는 주체지만, 그 주체가 가지고 있는 의식이 자신에 의해서 형성되지 않고 외부에 존재하는 보편적 의식을 내면화한 것이라는 의미에서는 종속적이다. 종속적 주체는 비록 주체는 주체지만 아직 피지배 상황을 벗어나지 못했다. 진정한 의미에서 독립성을 갖춘 주체라고 하기 어렵다. 종속적 주체는 자기를 지배하고 있는 가치나 이념이 시키는 대로 하는 사람이지, 자신만의 고유한 가치를 독립적으로 건설하고 실현하는 사람이 아니다.

푸코는 이런 종속적 주체성을 벗어나 능동적 주체가 되어야 한다고 주장한다. 능동적 주체란 무슨 의미인가? 자기만이 자신의 주인인 주체다. 자신이 하는 판단과 행위가 모두 자기의 결정으로부터 나와 자기가 자신의 주인이 되는 주체, 이 사람이 능동적 주체다. 종속적 주체는 내면화된 이념이나 가치가 주인이기에 그것들을 수행하는 것이 중요해져서 대답에 익숙하다. 능동적 주체는 자신이 주인이기 때문에, 자신을 자신이게 하는 근본적인 토대인 궁금증과 호기심이 살아 있다. 그래서 질문을 할 수 있다. 능동적 주체는 이렇게 창의성을 발휘할 수 있는 힘을 가진 주체로 등장한다.

능동적 주체를 장자 식으로 표현하면, 자신을 지배하던 규정적 관념, 즉 성심成心으로부터 벗어난 소요逍遙의 경지에 있는 사람이다. 그것을 일반화하여 '자유自由'라고 표현해도 된다. '자유'라는 말 자체가 '자기로부터 말미암은' 것이다. 자기가 주인이라는 뜻이다. '자유'라는 말 주위에 있는 '자율自律' '자정自正' '자정自定' 등에도 모두 이런 의미가 포함된다. 모든 것이 자기로부터 말미암기 위해서는 자기 이외의 것들은 다 자신의 외부에 있어야 한다. 자기 안에는 오로지 자기만 있다. 자기 이외의 것들은 자기를 키우고 단단하게 하는 수단으로만 사용될 뿐이다.

자기 안에 오로지 자기만 남긴 상태를 동양의 많은 고전에서는 '허심虛心' 혹은 '무심無心'으로 표현한다. 외부로부터 들어와 자기를 지배하는 기존의 정해진 가치관을 버리고 오직 자기로만 자기를 채우는 것을 뜻한다. 처음에는 자기 자신으로부터 형성된 것이라 해도 이미 고정되어 이제는 자신을 고착화하는 역할밖에 하지 못한다면, 그것도 사실은 이미 외화外化된 것으로 취급하고 과감히 버려야 한다. 이렇게 해야 내가 비로소 나의 주인으로 등장한다.

기존의 가치관을 죽여야 새로운 통찰이 생긴다

'큰 박' 이야기를 기억할 것이다. 혜자가 위나라 왕으로부터 큰 박이 열리는 씨를 얻어온 이야기 말이다. 박 하면 보통 물을 떠먹거나 물을 담아서 가지고 다니는 두 가지 용도로 생각하는데, 엄청나게 큰 박이 열려 기존에 알고 있던 두 가지 용도와는 전혀 맞지 않게 되자 혜자는 이것을 필요 없다고 깨버렸다. 그러니까 혜자는 지적으로 매우 게으른 사람이다. 숙고하거나 새로운 용도를 찾는 수고로움을 자초하지 않고, 자신이 이미 알고 있는 용도와 맞느냐 맞지 않느냐만 따진 셈이니 말이다.

기존 관념에 맞는지의 여부만 따져서 하는 일은 매우 편하고 쉽고 안전하다. 그래서 대부분이 그렇게 한다. 이것은 분명 지적인 게으름이다. 기존의 용도와 맞지 않는 상황이 발생하면 새로운 용도를 계속 숙고해야 한다. 그러면 새로운 용도를 발견해내는 매우 즐겁고 위대한 성취를 이룰 수 있다. 이렇게 하려면 당연히 지적인 수고가 따라야 한다. 지적으로 매우 부지런해야 가능하다. 즉 지적으로 게으른 사람은 확립된 가치나 이념에 사로잡혀 그것들을 반성 없이 그대로 적용하고, 지적으로 부지런한 사람은 이미 확립된 가치나 이념을 넘어서려고 노력한다. 지적으로 게으른 사람은 종속적 주체일 가능성이 크고, 지적으로 부지런한 사람은 능동적 주체일 가능성이 크다. 게다가 지적으로 게으른 사람은 편협한 마음에 사로잡힌다.

장자는 이런 의미에서 혜자를 "쑥대 대롱 같은 마음을 가지고 있다"고 힐난한다. 쑥대 대롱같이 좁디좁은 마음을 가지고 있으면 세계에 자신의 진실을 강요하는 태도를 취하지, 세계의 진실을 드러나는 그대로 받아들이지 못한다. 기존 관념에 파묻혀 헤어나지 못하는 쑥대 대롱 같은 마음으로부터 이탈해서 큰 '박'을 '배'로 쓸 수 있도록 만드는 개방된 마음의 상태가 바로 '허심'이다. 큰 박을 보고 이것을 배로 만들어야 되겠다고 판단하는 능력을 '신명神明'이라고 한다. 지금 용어로 하면 '통찰력' 같은 것이다.

기존의 관념에 붙잡혀 있으면서 지적인 게으름에 빠져 있는 사람에게는 통찰력이 발휘될 수 없다. 새롭고 더 나은 제3의 길로의 발전은 기존의 정해진 관념으로부터 이탈해야만 비로소 가능하다. 그러니까 기존의 정해진 관념으로부터 이탈하는 일을 '허심'이라 하고, 이탈해서 자신으로만 남은 사람을 '참된 사람[眞人]'이라고 한다. 즉 '진인眞人'이라야만 참된 지식을 만들어낼 수 있고, 진인이라야만 새롭게 등장한 거대한 박을 보고 배로 만들 용기를 발휘할 수 있다. 통찰력이 발휘되는 것이다. 왜 사람이 사람다운 사람이 되어야 하는지, 자유로운 사람이 되어야 하는지, 착한 사람이 되어야 하는지, 부지런한 사람이 되어야 하는지, 왜 수양을 해야 하는지 알 수 있다. 우리 모두 다시금 깊이 있게 생각하고 실천하려는 의지를 다잡아야 한다.

참된 자아는 개방적이다

기존의 틀에 갇히지 말고 자신만의 고유성을 발휘하라는 나의 말에 어떤 사람들은 "그 고유성이 기성 사회와 충돌하면 어떻게 됩니까?"라고 묻는다. 또 자신을 위해 살 것을 강조하면, "모든 사람들이 자신을 위해서만 살 경우 사회나 국가는 어떻게 합니까?"라고 묻는 사람도 있다. 상당히 책임성 있는 질문 같지만 사실은 별 의미 없는 질문들이다. 특히 우리나라의 경우 누구나 할 수 있는 질문이고, 이는 교육 체제에 의해 잘 훈육된 모범적인 사람들에게 익숙한 태도다. 사회나 집단과의 조화를 먼저 생각하는 사람은 자기 자발성이 그렇게 크지 않다. 사회와의 조화를 먼저 강조하는 사람은 새로움을 추구하는 동력이 강하지 않다.

우리는 정해진 사회 구조와의 충돌을 왜 감행하지 못하는가? 자신의 의지를 죽여가면서까지 전체 사회와의 조화를 중요시하면, 자신은 이미 굳어진 구조 속으로 스스로 걸어 들어가지 않을 수 없다.

주인으로의 삶을 사는 자신은 이기적이거나 폐쇄적일 수 없다. 흔히들 쉽게 숭배하는 보편적 이념이나 사회적 신념 등과 같이 낡고 굳은 가치관을 벗어던지고 난 다음에 남는 존재 상태가 바로 참된 사람으로서의 자기 자신이다. 참된 사람은 폐쇄적으로 자신을 지배하던 믿음 체계에서 벗어나 있기 때문에 개방적이다. 참된 자아의 존재를 지탱하는 것은 기존의 신념이나 이념이나 가치관이 아니라, 자신에게만 있는 궁금증이나 호기심과 같은 활동성일 뿐이다. 이 사람은 익숙한 이념이나 신념 등을 변화하는 세계에 억지로 강요하는 폐쇄적 활동을 하지 않는다. 굳어진 생각의 지배로부터 벗어나 있기 때문에 유동적 전체성으로서의 세계를 그 모습 그대로 받아들일 수 있다.

정해진 믿음 체계에 자신을 맡긴 사람이 더 개방적이겠는가? 아니면 정해진 믿음 체계의 지배에서 벗어나 궁금증과 호기심이 작동하는 고유한 주체로 존재하는 사람이 더 개방적이겠는가? 사회에 자신을 맞추려고만 하는 사람이 사회와 더 깊은 교류를 하겠는가? 아니면 자신을 개방적인 상태로 유지하는 사람이 더 깊은 교류를 하겠는가? 갇힌 자아가 이루려는 사회와의 조화는 그저 정해진 체제를 고착화시킬 뿐이다. 자신의 주인으로 사는 개방적 자아는 사회와 충돌을 빚을 것처럼 보이지만, 변화하는 사회의 흐름과 함께할 수 있는 능력이 있어서 오히려 사회를 개방적인 방향으로 진보시킨다.

정해진 믿음 체계에 갇힌 사람은 평생 낡은 세상 한 귀퉁이를 잡으려 노력하거나 이미 낡아 빠진 것과 옳고 그름을 다투느라 정력을 소진한다. 하지만 자신으로만 존재하는 개방적 자아는 낡은 것과 싸우는 데 정력을 쓰지 않고 새로운 것을 여는 일에 몰두한다. 어느 쪽이 자유이고 참된 삶인지는 이미 명확하다.

덕 — 나를 나로 만드는 힘

德

덕은 자기를 자기로 만드는 힘.
덕이 온전해졌다는 말은
자기를 자기로 만드는 이 힘이 제대로 작동한다는 말이다.
이러한 상태가 바로 '태연자약泰然自若',
기세 없는 기세를 갖는 상태다.

덕이 온전해지는 '나무 닭'의 경지

'덕德'에 대해서는 이미 『인간이 그리는 무늬』라는 책에 비교적 알기 쉽게 설명해놓았다. '덕'은 자기를 자기이게 하는 가장 밑바탕의 힘이다. 자기를 자기로 활동시키는 힘이라고도 할 수 있다. 신과 소통할 수 있을 정도로 준비된 자신만의 근본적인 작용 능력이다.

일본에 스모의 신으로 불리는 선수가 있었다. 후타바야마雙葉山다. 후타바야마는 현재까지 일본 스모 역사상 최고인 69연승의 기록을 이을 70연승의 대기록을 눈앞에 두고 좌절한다. 70연승에 실패한 후 바로 지인에게 다음과 같은 전보를 쳤다.

내가 나무 닭의 경지를 지키지 못했다.

'나무 닭[木鷄]'은 『장자』「달생達生」 편에 나오는 유명한 이야기다.

투계를 좋아하는 왕이 있었다. 그는 어느 날 자기 닭을 가지고 기성자를 찾아간다. 기성자는 닭을 잘 훈련시키기로 유명한 사람이다. 기성자에게 왕은 자신이 가지고 간 닭을 백전백승의 싸움닭으로 만들어달라고 했다.

열흘 후에 왕은 기성자를 찾아간다. 닭이 잘 훈련되었는지를 묻자 기성자가 말한다.

"아직 덜 되었습니다."

이에 왕이 왜 아직 덜 되었다고 하느냐고 묻자 기성자가 말한다.

"닭이 허세가 심하고 여전히 기세등등합니다. 그래서 아직 부족합니다. 열흘 후에 다시 오십시오."

왕은 돌아갔다 열흘 만에 와서 다시 묻는다.

"이제는 되었느냐? 이제 백전백승할 수 있는 닭으로 길러졌느냐?"

기성자가 아직도 부족하다고 말한다.

"이 닭은 아직도 다른 닭의 울음소리나 다른 닭의 날갯짓하는 소리만 들어도 싸우려고 덤빕니다. 그러니 아직은 안 되겠습니다."

우리 생각으로는 이 정도라면 투계로서 굉장히 잘 길러진 것으로 보이는데, 기성자는 그렇게 생각하지 않았다. 아무튼 왕은 이번에도 그냥 돌아서고, 다시 열흘 후에 찾아온다. 그리고 묻는다.

"이제 되었느냐?"

기성자가 그때서야 이제는 된 것 같다고 한다. 그러자 왕이 묻는다.

"무엇을 가지고 지금은 되었다고 하느냐?"

그러자 기성자가 다음과 같이 말한다.

> 다른 닭이 울고 날갯짓하는 소리를 내도 꿈쩍도 안 합니다. 멀리서 바라보면 흡사 그 모습이 나무로 만들어놓은 닭 같습니다. 이제 덕이 온전해진 것입니다. 다른 닭들이 감히 덤비지도 못하고 도망가 버립니다.

기성자의 마지막 한 구, "덕이 온전해졌다[德全]"는 말은 자기를 자기로 만드는 힘이 완벽한 상태에 들어갔음을 뜻한다. 일본에 미야모토 도쿠조宮本德라는 작가가 있다. 그는 스모에 정통했는데, 1985년에 펴낸 저서 『리키시효하쿠力士漂泊(스모 선수의 유랑)』에서 후타바야마가 시합에서 어떤 상대를 대하더라도 "태연자약泰然自若하고 조금의 동요도 없었으며" "상대 선수가 후타바야마의 기세 없는 기세에 눌려서 자멸하는 것 같았다"고 묘사한다.

진정한 승리의 비결은 '태연자약'

여기서 '태연자약'이라는 말이 등장한다. 태연자약에서 자약은 자기가 자기로만 되어 있음을 뜻한다. 태연은 아주 크고 넓고 여유로운 모습이다. 태연한 사람은 자약하고, 자약한 사람은 태연하다.

태연자약한 사람은 외부의 어떤 자극에도 자신만의 흐름이나 결에 동요를 일으키지 않는다. 태연자약한 후타바야마의 '기세 없는 기세'에 눌려서 상대가 자멸하는 것이나, 나무 닭의 '온전한 덕'에 눌려 다른 닭들이 감히 덤비지도 못하고 도망가버리는 것은 같은 일이다.

기성자가 닭을 이십일 동안이나 훈련시키고도 왕에게 아직 안 되었다고 말한 것은 닭이 자신의 힘을 중심으로 해서 움직이기보다는 외부의 자극에 의해서 피동적으로 움직이는 경향을 보이기 때문이었다. 행위를 고유한 자신의 내면에서 발동시키지 않고, 상대에 대한 반응으로 자기 행위가 발동된다는 것이다. 종속적 주체로서의 한계를 그대로 보여주었다. 우리의 삶이나 사고는 보통 이와 같다. 이런 흐름이 가장 잘 드러나는 것이 현재 우리의 일상을 지배하고 있는 경쟁이라는 것이다.

경쟁은 이미 만들어져 있는 틀 안으로 들어가서 다른 사람들과 견주거나 다투는 일이다. 경쟁의 구도 속에서는 이미 정해진 틀을 바꾸는 일이 불가능하다. 경쟁은 오히려 이 틀 자체를 공고하게 만든다.

그래서 경쟁이 치열하면 치열할수록 정해진 틀은 더욱 고착화되고, 이 고착화된 틀은 새로운 세상을 맞이하는 길을 여지없이 차단한다. 경쟁이 갈등을 너무 과하게 조장한다는 점에서 부정적이기도 하지만, 더욱 부정적인 점은 치열한 경쟁이 틀 자체의 변화를 가로막는다는 점이다. 그래서 진보가 어려워진다.

경쟁이 치열한 사회는 진보가 어렵다. 경쟁 구도 속으로 들어가는 한, 우리는 경쟁이 벌어지는 판을 옳은 것으로 받아들이지 않을 수 없다. 여기서 새로움, 고유함, 선도력은 시도되지 못한다. 누구도 행복하지 않다. 경쟁 구도 속에서는 승리자도 패배자도 모두 행복하지 않고 피곤할 따름이다.

경쟁 속에서는 누구도 자신으로 존재할 수 없다. 그래서 모두가 다 자기 자신으로부터 소외되어 있다. 승리자나 패배자나 모두 행복할 수 없는 이유다. 분명 '자약'한 사람만이 행복할 수 있다. 자신의 존재감이 항상 자신에게서만 확인되기 때문이다.

'자약'하면 이미 존재하는 경쟁의 틀 속으로 들어가려고 급급해 하지 않고 자신의 의도에만 집중한다. 다른 사람과 경쟁하려 하기보다는 자신만의 삶에 집중한다.

후타바야마가 70연승에 실패한 원인을 나무 닭의 경지를 지키지 못한 것으로 돌린 이유를 짐작할 수 있다. 69연승까지는 상대에 흔들리거나 승수勝數를 의식하지 않았는데, 70연승에 도전하면서는 70연승이라는 위대한 업적을 의식하였다.

그것을 의식하면서부터 이기려는 의지가 강해져서 온전히 자기 게임을 하지 못하고, 스스로 70연승과 경쟁하게 되었다. 자신을 지켜주던 원래의 리듬을 잃을 수밖에 없다. 태연하게 자신의 스모를 하지 못하고, 70연승과 경쟁하는 스모를 하도록 자신을 방치한 것이다.

나무 닭은 자기가 자기로만 존재하는 상태를 말한다. 이렇게 자기 게임을 하는 사람만이 기존에 있는 것으로부터 벗어날 수 있다. '훈고'는 기존의 이론이나 지식을 뿌리로 한다. 반면에 '창의'의 기풍은 질문을 하고 덕을 발휘한다. 이를 통해 자신은 자신만의 고유한 개방성으로 새로움을 향해 나아간다.

자신을 자신으로 세우지 않고 자신 이외의 것을 자신의 상대로 세워놓는 한, 그 사람은 항상 경쟁 속에서 살 수밖에 없다. 경쟁을 계속하는 한 경쟁 상대와 공유하는 구조에 갇힐 수밖에 없다. 우리는 지금 경쟁하며 공생하고 있다. 공생하며 수준이 같아진다. 같은 수준에서는 앞선다 해도 겨우 조금 나을 수 있을 뿐이다.

조금 나은 수준이 약간 더 나은 결과를 가져왔을 때 그것을 1등이라고 하는데, 1등은 상대적으로 누구에 비해 높은 것이지 자기에게서만 발현되는 절대적 높이가 아니다. '일류'는 절대적 높이를 보여주는 단계에 이르렀을 때 비로소 합당해지는 칭호다.

절대적 높이를 가진 자는 외부에 반응하는 것을 자기 업으로 삼지 않는다. 자기를 이기려 하지 타인을 이기려 하지 않는다. 경쟁 구도 속으로 스스로를 끌고 가지 않는다. 경쟁에 빠지지 않고 오히려 그것으로부터 벗어나 그 구도 자체를 지배하거나 장악한다. 자기 게임을 할 뿐이다. 태연자약한 태도다. 그래서 자기가 애써 이기는 것이 아니라 상대방이 자멸함으로써 승리자의 지위를 오래 유지한다. 나무 닭이 그랬다. 그래서 노자도 "자신을 이겨야 진짜 강자다[自勝者强]"라고 한 것이다.

지금 우리에게 필요한 사람은 일등보다는 일류를 꿈꾸는 사람이다. 일등은 판을 지키는 사람이고, 일류는 새판을 짜는 사람이다. 우리가 따라하고 부러워하는 바로 그 단계다. 짜진 판 안에서 사는 데 만족하는 나라는 전술적 차원에 머무르고, 판을 짜보려고 몸부림치는 나라는 전략적 차원으로 상승한다.

전략적 차원에서라야만 진정한 의미의 자유와 독립과 창의를 맛볼 수 있다.

인人 — 참된 사람이 있고서야 참된 지식이 있다

참된 사람, 즉 인격적인 준비가 되어 있는 사람이라야
참된 지식, 즉 세상의 진실을 밝히는 이론적이고 지적인 통찰,
새로운 시대의식을 가슴에 품는 활동을 할 수 있다.

덕과 지성은 한 덩어리

몇 년 전 '세월호' 사건이 일어난 지 며칠 지나지 않아 침울한 마음도 달랠 겸 북한산에 올랐다. 사람들 표정이 다들 밝지 않았다.

산모퉁이를 돌아 올라가는데 바로 내 앞에서 네 명의 남자들이 계곡 쪽에서 올라와 난간을 넘어 등산로로 진입했다. 그러고 나니 당연히 내가 그들 뒤에 바짝 붙어 가는 꼴이 되었다. 그들의 대화가 다 내 귀에 들어왔다. 그중에 한 명이 이렇게 말했다.

"그런 큰 배가 안전 운항하기 위해 지켜야 할 규정이 수백 가지가 될 텐데, 그 가운데 대여섯 가지만이라도 제대로 지켰으면 그 정도 큰 사고로는 이어지지 않았을 거야."

동행한 동료들도 모두 이구동성으로 동의하면서 규정을 지키지 않은 선박 회사를 성토했다.

그런데 참 이상한 일이다. 구파발 쪽에서 올라가는 북한산 등산로는 옆이 다 계곡이라서 난간을 넘어 계곡에 들어가지 말라는 표지가 도처에 붙어 있다. 그들은 규정을 어기고 난간을 넘어 계곡으로 내려가 맥주를 마시고 올라왔으면서 자신들이 규정을 어긴 것은 의식하지도 못한 채 세월호가 규정을 어긴 것은 매우 통렬히 지적한다.

사실 이런 일은 우리 주위에서 매우 흔하다. 외국 선진국에 다녀온 사람들이 운전하면서 하는 소리가 있다.

"아, 그 나라는 사람이 중심이란 말입니다. 그리고 차선을 바꾸려고 깜빡이를 켜면 뒤따르는 차들이 모두 속도를 줄여줘요. 그런데 우리나라는 차선을 바꾸려고 하면 뒤따르는 차들이 오히려 속도를 높여요."

이런 낮은 시민의식이 큰 문제라고 하면서 한국을 비판한다. 진짜 문제는 그렇게 비판하는 사람들도 결국 운전대를 잡으면 그렇게 신사적이지 않다는 것이다.

이미 정해져 있는 이념이나 신념을 수행하거나 지키려는 것보다 자신의 덕을 활동시키려 애쓰는 사람은 자기 자신으로 존재한다. 능동적 주체다. 종속적 주체는 자신의 주인 자리를 신념이나 이념 혹은 가치관에 양보한 상태다. 그래서 진정한 자아와 자신을 이끄는 자아가 분리되어 있다. 이런 분리 상태에 있는 사람은 자발적이고 책임성 있는 존재가 되지 못한다.

이런 사람들로 사회가 채워져 있으면 모두 남 탓과 네 탓만 하고, 자기 책임성을 들여다보는 반성적 윤리의식이 매우 취약하다. 그래서 네 탓을 하고 남 탓을 하는 것만으로도 자신이 무엇인가

의미 있는 일을 하고 있다고 착각한다.

지금 우리 사회는 모든 영역에서 다 네 탓과 남 탓을 하느라 바쁘다. 문제 해결을 위해 무엇이라도 해보겠다는 자발적인 행동이 시도되지 않는다. 비판과 비난은 풍성해도 성숙한 자발성과 책임성은 매우 빈약하다. 이처럼 자아가 분열된 상태에서는 생각과 행동이 일치하기 어렵다.

이것은 '따라하기'로 많은 부분을 채우면서 살아온 민족의 비애다. 따라만 하다 보니 좋은 것은 다 밖에 있다고 생각한다. 대중가요 가사마다 영어 한두 마디가 들어가야 세련된 것으로 보인다. 노래 제목이 '눈물'이면 촌스럽고, 'Tears'면 세련되어 보인다. '안녕'이 촌스럽게 들리니 대신에 'Hello'를 쓴다. TV 프로그램 제목 또한 외국어 일색이다. 젊은 가수들은 모두 외국어 이름을 달고 등장한다. 새로 짓는 아파트마다 무슨 소리인지 알기 힘든 외국어로 이름을 단다.

어느 대학에서 추진하다 좌절된 새로운 형태의 대학 이름이 '미래라이프대학'이다. 왜 '미래평생대학'이면 안 되는가? 영어나 다른 외국어가 섞여야 더 좋아 보이고 세련돼 보이기 때문이다. 우리 삶의 기준과 산업적인 모델을 다 외부에서 가져다 쓰다 보니 자연스레 생겨버린 의식이다.

우리에게는 무슨 일을 할 때, 먼저 '선례'가 있는지 없는지를 따지는 것이 큰 습관이다. 선례가 없거나 지시 내용이 없으면 무엇인가를 자발적으로 하지 못한다. 나 또한 직장에서 무슨 일을 시도할 때 가장 많이 들었던 말이 '선례'와 '형평성'이다. 심지어는 이놈의 '선례'와 '형평성'만 찾다가 모두 함께 말라죽을지도 모르겠다는 생각을 한 적도 있다. 선례를 찾기만 하지 선례를 세우려는 도전을 하지 않는다. 이러다 보면 자기는 기존 논리를 넘어서서 압도하는 사람으로 서지 못하고, 계속 분석하고 비판하고 해석하는 사람으로만 남는다. 학술 영역에서도 비판과 해석만이 넘치고 창의적 도전이 취약하다.

이 모든 문제점들은 바로 덕의 두께나 지성의 높이를 아직 갖추지 못해 생기는 일들이다. 지성의 근본적인 힘은 지식의 두께나 이론의 깊이가 결정하지 않고, 궁금증이나 호기심 같은 원초적인 힘이 결정한다.

그 원초적인 힘이 자리하는 공간, 거기서 덕이 활동한다. 결국 덕과 지성은 한 덩어리다. 철학적 사유도 덕의 활동과 한 덩어리가 되는 것이다. 먼저 사람이 되어야 참된 지식도 비로소 가능해진다는 말이다. 그 사람을 그 사람으로 만든는 힘, 그것이 바로 덕이다.

대증요법에 익숙한 사회는 창의성이 없는 사회

세월호 사건이 나자마자 모든 사람들이 이구동성으로 또 후진국형 재난이 일어났다고 했다. 거기에는 후진국형 재난이 너무 자주 일어난다는 탄식이 들어 있다. 부디 세월호 사건을 마지막으로 후진국형 재난이 끊길 수 있기를 바란다. 사실 그렇게 되어야 정상이지 않겠는가? 그런데 우리는 세월호 사건을 후진국형 재난의 마지막으로 만들지 못했다.

세월호 사건이 일어나서 온 국민이 충격에 빠지고 안전에 극도로 예민해져 있었지만, 바로 이어서 또 크고 작은 사건들이 있었다. 세월호 사건 하루 이틀 후, 지하철 추돌 사고가 있었다. 전형적인 후진국형 인재였다. 판교 공연장 환풍구 붕괴 사고도 있었다. 가장 기본적인 안전의식조차도 작동되지 않아 일어난 사고들이다.

세월호 이후에 후진국형 재난이 끊이질 않았듯이, 세월호 사건도 그 이전의 큰 사건들로부터 교훈을 얻지 못했기에 일어났다. 1994년에 성수대교 다리 상판이 붕괴되어 많은 사람이 죽었다. 1995년에는 삼풍백화점이 무너져서 500명 이상이 죽었다. 그야말로 후진국형 재난이었다. 2003년 대구지하철 화재 참사 때도 많은 사람들이 희생되었다.

이처럼 우리 주변에서 후진국형 재난은 끊이지 않고 일어난다. 후진국형 재난이 끊이질 않는 이유는 무엇인가? 말 그대로 우리 사회가 후진국형으로 재난을 대비하고 있기 때문이다. 더 심하게 말한다면, 나라가 아직 후진국형 관리 형태를 벗어나지 못했기 때문이다. 불편하지만 인정하지 않을 수 없다. 후진국형 재난이 일어날 때마다 모두 한목소리로 우리의 안전 불감증을 지적한다. 이런 안전 불감증이 전형적인 후진국형 증세다.

재난이 일어나고 나서 그 원인들을 다양하게 분석하는데, 초점은 다음 세 가지로 집중된다. 안전 불감증! 준비 소홀! 훈련 부족!

후진국형 재난이 일어날 때마다 이 세 가지를 지적했고, 또 지적해온 시간도 상당히 길기 때문에, 딱 세 가지 '안전, 준비 그리고 훈련'만 제대로 해버리면 모든 문제가 해결되지 않겠는가? 그런데 우리는 그렇게 긴 시간 동안 이 세 가지를 해내지 못하고 있다.

안전, 준비, 훈련, 이 세 단어를 이해하지 못하는 사람은 없을 것이다. 그런데도 이것이 안 지켜지는 이유가 무엇인가? 이렇게 쉬운 단어들로 되어 있는 세 가지가 그렇게 긴 시간 동안 해결되지 않은 이유는 무엇인가? 긴 시간 동안 노력했으면서도 이 세 가지를 해내지 못했다면, 우리에게는 이것들을 해낼 능력이 없는 것은 아닌가?

맞다. 우리가 아직까지 해내지 못했다면, 우리에게 그것들을 해낼 능력이 아직 준비되지 않았다고 보는 것이 솔직한 태도일 것이다.

사실 이 세 단어들은 매우 쉽게 이해되는 것들이지만, 난이도는 상당히 높다. 우리의 능력을 넘어서 있는 것들이다. 보자. 안전, 준비 그리고 훈련이라는 이 세 가지는 모두 아직 오지 않은 것들, 아직 구체적으로 드러나지 않은 일들에 대하여 미리 예비하는 태도들이다.

보이고 만져지는 것에만 익숙한 사람들에게는 보이지 않고 만져지지 않는 것에 대한 대응력이 떨어진다. 현상 세계에만 익숙한 사람들에게는 구체적이지 않은 것에 접촉하려는 도전이 잘 일어나지 않는다. 이때 지성의 근원인 '덕'의 활동이 필요하다. 그런데 덕의 활동은 궁금증과 호기심을 근거로 한다. 궁금증과 호기심은 아직 보이지 않는 것, 아직 드러나지 않은 것을 향해 나아가보려는 꿈틀거림 혹은 몸부림이지 않은가? 지성은 어떤 것에 대한 지적인 이해로 완성되지 않는다. 지성은 아는 것을 바탕으로 하여 모르는 곳으로 넘어가려고 발버둥치는 힘이다. 지성은 이 '발버둥'으로 완성된다.

무언가에 대하여 지성적으로 접근하는 일은 아직 드러나지 않은 어떤 것을 궁금해하는 것이다. '아직 알려지지 않은 곳'에 대한 호기심이 있어야 지성적이다.

지성적이면 질문을 하지만, 덜 지성적이면 고작 대답하는 일에 그친다. 안전, 준비 그리고 훈련이 제대로 되지 않는 이유는 덜 지성적이기 때문이다. 여기서 '지성'이라는 단어를 사용하는 것을 가지고 불쾌해하는 사람이 있을지도 모르겠다. 지성적이라는 단어는 반드시 지식 수준이나 학력 혹은 신분의 높이를 말하는 것이 아니니 불쾌하게 생각하지 않았으면 한다.

안전, 준비, 훈련, 이런 것들이 우리에게 이루어지지 않는 이유는 우리 삶이나 사유가 지성적인 차원에 아직 도달하지 못했기 때문이다. 교양Liberal Arts, 인문, 철학, 문화, 선진 그리고 선도적인 시선에 도달하지 못했기 때문이다. 그래서 그것들이 우리에게 난이도가 높다. 지금 인문학 열풍이 불고 있고, 창조나 문화가 강조되는 것도 모두 다 아직 도달하지 못한 이 수준에 이르고자 하는 열망 때문이다.

후진국형 재난이 마무리되고 나면 또 모든 언론에서 저마다 분석 기사를 싣는데, 그 분석 기사들을 종합해보면 또 초점이 하나로 모아진다. "이번에도 땜질처방!" "이번에도 대증요법!" 이 두 가지가 대부분의 분석 기사들 결론이다. 앞서도 후진국의 특징이 땜질처방이나 대증요법이라고 말한 바 있는데, 이런 땜질처방이나 대증요법이라는 것은 구체적으로 보이는 현상만 대충 처리하는 것이다. 근원적이라기보다는 피상적 접근이다.

대증요법과 땜질처방에만 익숙한 사람은 눈에 보이는 것만 해결되면 문제가 다 해결된 줄 안다. 눈에 보이고 만져지는 것만 문제로 인식할 수 있기 때문이다.

눈에 보이지 않지만 세계를 지배하는 힘의 영역에 시선이 도달해 있지 않으면 피상적인 접근 이상이 불가능하다. 우리는 왜 후진국형 재난이 끊이지 않는지, 후진국형 사고 이후에도 우리는 왜 교훈을 얻어 개선된 모습을 보이지 못하는지, 왜 땜질처방이나 대증요법만 반복하는지 그 이유를 어느 정도 가늠할 수 있다.

이것은 우리가 왜 전술적 단계를 벗어나지 못하는지, 왜 전략적 단계로 상승할 꿈을 꾸지 않는지, 왜 창의보다는 훈고에만 빠져 있는지, 왜 질문보다는 대답에 더 익숙한지, 왜 본질적 가치보다는 기능에 더 빠지는지 등등이 모두 다 서로 연결되어 있기에 그렇다.

언젠가 TV에서 난타 공연을 만든 송승환 씨가 하는 이야기를 들었는데, 선진국에서 난타 공연을 할 때면 공연 전에 꼭 한두 사람을 앉혀놓고 정식 공연처럼 리허설을 해야 한다고 한다. 그 한 두 사람은 소방서에서 나온 사람들이란다. 공연에서 불이 사용되니까 소방서 직원이 공연을 먼저 보고 불 높이가 너무 높은 건 아닌지 살핀 후에 불의 높낮이를 결정해준단다. 정식 공연을 할 때도 소방서 직원이 소화기를 들고 제일 앞좌석에 앉아 있다고 한다.

일본이 초기 근대화 시기에 보여준 소위 '과장된 위기의식'이라는 것도 이와 유사한 정도의 민감성이 발휘된 것으로 볼 수 있다. 이 모두가 우리에게는 좀 과하다는 느낌을 주는 것도 사실이다. 그러나 혹시 모를 화재에 이렇게도 적극적으로 대처하는 모습은 그 사회가 얼마나 고도의 민감성으로 유지되는지를 알게 하기에 충분하다. 이런 민감성이야말로 독립적 주체로서의 성격을 갖추고 있지 않으면 발휘할 수 없다. 이것은 지적인 게으름이 습관화된 사람들에게는 발휘되지 않는다.

이런 맥락에서 볼 때 사실상 안전, 준비, 훈련, 선진, 상상, 창의, 선도, 관념의 포착, 장르의 창조, 지성, 문화, 예술, 철학적 시선, 시적 상상력, 독서 습관, 박물관이나 갤러리 가는 취미, 예민함 등등은 모두 같은 높이에 있다. 단어만 다를 뿐 이것들의 작동과 실행은 거의 동등한 수준에서 이루어진다.

그래서 어떤 회사가 "다른 것은 다 좋은데 안전의식이 부족하다"는 평가를 듣는다면, 그 회사는 반드시 상상력도 부족할 것이다. "창의성이 부족하다"는 평가를 듣는 회사가 있다면, 그 회사는 반드시 세계에 민감하게 반응하는 능력도 함께 부족할 것이다.

이런 것들은 다 서로 연결되어 있으며 동일한 차원에서 작동하기 때문이다.

내가 나로 존재해야 민감성이 유지된다

2015년 대구에서 세계 물 포럼 축제가 있었다. 세계 정상급 인사들이 오고 우리나라 대통령도 참석한 자리였다. 그런데 첫 개막 퍼포먼스에서 행사 도중에 나무로 만든 높이 2미터짜리 자격루自擊漏, 즉 물시계 구조물이 넘어지는 사고가 발생했다. 황당한 사고였다. 그런데 이런 황당한 일이 일어난 경우는 이뿐만이 아니다.

2014년 인천 아시안 게임이 기억나는가? 자원 봉사자 운영 요원들이 모여서 도박을 하고, 선수들이 타야 하는 셔틀버스가 안 와서 선수들은 시내버스를 타고 이동하기도 했으며, 성화가 꺼지기도 하고, 발전기가 나가서 정전이 되는가 하면 식중독균이 있는 도시락이 배급되는 등 운영의 미숙함이 곳곳에서 드러나 역대 최악의 아시안 게임이었다는 혹평을 들었다. 그런데 1988년에 개최한 서울 올림픽은 세계에서 성공적으로 잘 개최된 대표적인 올림픽으로 평가받았다. 그렇다면 1988년과 2014년, 2015년 사이에 우리에게는 도대체 무슨 일이 일어난 것인가?

민감성이 사라졌다. 자신이 하는 일에 대한 몰입도가 사라진 것이다. 지난 대구 물 포럼에서 자격루가 쓰러졌어도 그 일에 책임을 진 공무원이 있었는가? 아마 없을 것이다. 무안 국제공항 등 엄청난 예산이 들어간 거대 토목공사 가운데 완공 후에도 별로 사용되지 않은 곳들이 있다. 그런데 이런 토목공사가 반드시 필요하다고 주장했던 정치인이나 관료들, 타당성 조사를 긍정적으로 꾸몄던 전문가들 가운데 신분상에 조금이라도 불이익을 당한 사람들이 있었는가? 아마 없을 것이다. 지금까지도 할 승진 다 하고, 봉급도 꼬박꼬박 인상되었을 것이다. 엉터리 타당성 조사 결과를 제출했던 전문가들은 지금도 어디선가 또 다른 타당성 조사를 하고 있을 것이다.

우리 사회는 책임지지 않아도 되는 사회가 되어버렸다. 민감한 책임성은 사라지고 모두들 고착된 체제 위에 얹혀 있는 부표로만 존재한다. 어느 공무원 시험 응시자가 정부 청사에 잠입해서 자기 시험 성적을 고치는 사건도 발생했다. 언론에서는 정부 청사의 보안이 뚫렸다고 하지만, 사실은 뚫린 것이 아니다. 왜냐하면 관련 공무원 누구도 보안을 지키고 있지 않았기 때문이다. 그 사람은 그냥 제 발로 걸어 들어가 자신의 성적을 조작했을 뿐이다. 국가 최고 청사에서 근무하는 공무원들에게 자신이 근무하는 조직을 지키려는 의식은 하나도 없었다. 어떤 보안 규정도 지키지 않았다.

범인이 어떻게 문을 열고 들어갔는지 우리 모두 알고 있지 않은가? 문을 잠근 자동 자물쇠 아래에 써서 붙여놓은 비밀번호를 보고 그냥 열고 들어갔다고 한다. 이건 한심하다는 표현으로도 부족하지만, 사실이다. 컴퓨터 아래에도 모두 아이디와 비밀번호가 적혀 있었다고 하니 아연실색할 따름이다. 그런데 문에다 비밀번호를 붙여놓은 이유가 더 가관이다. 청소부나 요구르트 배달 아주머니들이 편하게 들어올 수 있도록 하기 위해서란다. 정말 우리나라 공무원들이 이 정도 수준인가? 부끄럽지만, 이것도 사실이란다. 더군다나 그곳에서 근무하는 공무원들은 우리나라 최고 지식인들이다. 지식이 그렇게도 출중한 사람들이 어떻게 그럴 수가 있었을까? 청소부나 요구르트 배달부의 출입을 편하게 해주기 위해서 그토록 중요한 정보가 넘치는 곳의 보안을 포기하다니…!

그러나 조금만 깊이 생각해보면 왜 그랬는지를 알 수 있다. 대답을 잘하도록 훈련된 주체들은 분열되어 있다. 대답을 할 때, 주체는 이미 있는 이론과 지식이 머물다 가는 중간 역으로 존재하거나 지식과 이론이 지나가는 통로로만 존재한다. 이런 상황에서는 주체가 진짜 주체와 중간 역으로서의 주체로 분열된다. 이때 사회적 역할은 중간 역으로서의 주체가 담당한다.

진짜 주체는 감각이나 욕망 등과 같은 원초적인 문제를 담당한다. 사회적인 역할은 당연히 애써서 억지로 하는 경우가 생기지만, 원초적인 감각들은 자연적인 것이므로 강력한 친화성을 가지고 있다. 이때 자기 자신으로서의 주체는 요구르트에 더 기울기가 쉽겠는가, 아니면 조직의 보안을 더 중시하는 쪽으로 기울겠는가.

요구르트에는 자신이 밀착해 있지만, 정작 자신의 조직에는 밀착되어 있지 않았다. 조직 체계 위에 별 의미 없이 떠 있는 부표 같은 존재가 되어버렸다. 이로써 자신의 일과 자신은 분리된 상태다. 자신이 하는 일에 자신은 그저 그림자로만 존재한다. 그러하니 여기에는 어떤 예민함이나 민감함도 있을 수가 없다.

우리는 살아가기 위해 일을 한다. 즉 '직職'을 갖는다. 그 사람은 그 '직'을 행하며 산다. 여기서 '살아간다'는 말은 '직'이라고 하는 하나의 역할을 통해서 자신의 삶을 구현한다는 말이다. 그러면서 그 '직'은 자신의 '업業'이 된다. '직'은 자기가 맡은 역할이고, '업'은 사명 혹은 자아실현을 의미한다. 직업의 출현이다.

직업이라는 말은 자신이 찾은 그 역할을 통해 자기를 완성해감을 의미한다. '직'은 자신의 삶을 완성하는 수단이다. 그래서 '직'과 '업'은 일체다. 이 말은 자신과 '직'이 일체를 이룬다는 뜻이다. 이때 자신은 자신으로 살아 있다. 그 직업 안에서 자신은 행복하고 충족감을 느낀다. 당연히 민감성과 예민함이 유지된다. 몰입도가 유지되어 창의적으로 일을 처리한다.

그러나 직과 업이 누구에게서나 항상 일치하는 것은 아니다. 점점 '직'에 익숙해지면서 긴장감이 떨어지다 보니 '업'에 대한 각성이 느슨해지고, 서서히 '직'과 '업'이 분리된다. 자신이 맡은 역할은 그저 생계를 유지하거나 돈을 만드는 수단으로 전락한다. 일을 할 때도 '직'에는 자신이 존재하지 않고, 요구르트를 마시거나 담배를 피우거나 잡담을 나누는 곳에 오히려 자신이 존재한다. 막판에는 요구르트를 편하게 먹기 위해 자신의 '직'이 존재하는 곳, 즉 '직장'의 보안까지도 방치하게 된다. 이 정도의 사람은 그저 '직장인'일 뿐이다. '직업인'이 아니다.

사회가 낡고 병들면 많은 사람들이 직업인이 아닌 직장인으로만 존재한다. 군인도 영혼이 빠지면 직장인으로 전락한다. 그러면 국방에 대한 민감성이나 예민함도 사라져 경계가 느슨해지고, 심지어는 부패한다.

이렇듯 '직'과 '업'이 분리된 사람들로 채워진 조직에는 부패가 만연하고 생기가 없다. '직'과 '업'이 분리된 사람들로 채워진 사회는 급격히 쇠퇴한다.

하지만 자신이 맡은 '직'을 '업'으로 생각하는 사람은 돈 몇 푼에 영혼을 팔지 않는다. 부패하지 않는다. 그리고 몰입할 수 있다. 창의적인 도전을 할 수 있다.

물 포럼에서 발생한 사고나, 아시안 게임의 성의 없는 운영이나, 대형 토목공사의 실패 사례 등등도 유관 책임자들이나 참여자들이 모두 자신의 존재성에 대한 각성이 사라져 예민함을 상실했기 때문에 일어난 일들이다. 여러분은 지금 직장인인가? 아니면 직업인인가? 이것은 결국 내가 나로 존재하느냐, 그러지 못하느냐의 문제다.

"나의 낡은 나라를 새롭게 하겠다"

철학적 시선이 무엇이고, 그 시선을 작동시키는 삶은 어떠해야 하는지를 고민하는 사람은 젊다. 젊은이라면 시대를 읽고, 시대를 답답해하고, 시대를 돌파해나가려는 꿈을 가져야 한다. 자기에게 필요한 것만을 찾는 것이 아니라, 시대를 아파해야 한다. 거친 야망으로 가득 찬 짐승 같은 존재가 되어야 한다. 그렇지 않고 이미 있는 것들을 들여다보고만 앉아서 그것들이 옳으니 그르니 하며 기존의 구조 속으로 편입되려는 사람은 사실 젊은이라고 할 수 없다.

나는 이 대목에서 다산 정약용 선생을 다시 한번 떠올린다. 다산 선생의 순진한 낙관론을 비판하기도 했지만, 기실 그분이 내건 삶의 기치는 대단했다.

다산 선생은 당신의 『여유당전서與猶堂全書』 제1집 「시문집詩文集」 제16권의 "자찬묘지명自撰墓誌銘"에서 학문을 하는 목적을 분명히 밝힌다.

나의 낡은 나라를 새롭게 하겠다.
(신아지구방新我之舊邦)[14]

낡은 나의 나라를 새롭게 하는 것이 다산 선생이 평생 품은 포부이자 사명이었다.

다산 선생은 『경세유표經世遺表』*의 서문 격에 해당하는 「방례초본인邦禮草本引」에서 이렇게 말한다.

(이 나라는) 털끝 하나라도 병들지 않은 것이 없다. 지금 당장 개

* 1817년(순조 17)에 다산이 관제·토지제도·부세제도 등 모든 제도의 실례 및 폐단, 개혁 원리를 제시하며 부국강병을 논한 책이다.

혁하지 않으면 나라가 망하고 나서야 그칠 것이다.
(개일모일발蓋一毛一髮, 무비병이無非病耳.
급금불개及今不改, 기필망국이후이其必亡國而後已.)

말씀이 매우 매섭게 들린다.
바로 이어서 다그치듯 하신 말씀을 들으면 그 엄중함에 심장이 터질 듯하다.

이러하니 어찌 충신 지사가 팔짱만 끼고 방관할 수 있을 것인가?
(사기충신지사소능수수이방관자재斯豈忠臣志士所能袖手而傍觀者哉?)[15]

지금 우리는 심각한 각성이 필요한 위중한 상황 속에 빠져 있다. 어찌 뜻있는 사람으로서 팔짱만 낀 채로 수수방관할 수 있겠는가?
우리 모두 다산 선생의 이 말씀을 가슴에 깊이 새겨야 한다. 주위를 자세히 살피고 들여다보면서 자신이 아픈 시대를 구하기 위해 무슨 일을 어떻게 해야 하는지 깊이 반성해야 한다.
우리는 해를 해로만 보거나 달을 달로만 보는 지知에 매몰되어 한편을 지키는 일에 안주해서는 안 된다. 해와 달을 동시적 사건으로 장악하는 명明의 활동성을 동력으로 삼아 차라리 황무지로 달려가야 한다.
이미 있는 것에 편입되어 안정되기보다는, 아직은 이름 붙지 않은 모호한 곳을 향해 쉼 없이 나아가야 한다. 흔들리는 불안을 자초해야 한다. 훈고에 갇힌 조국에 창의의 기풍을 생산하려 덤벼야 한다.

問答

5강

문답問答 : 공유하다

"자신을 진실하게 대면하여 이룬 각성 후에
스스로를 황량한 곳으로 끌고 가서
고독하게 보냈던 그 기간이 지금의 나를 만들었다.
한 번쯤 자신에게 진실해지는 시간을 가져볼 것을 권한다."
스승과 제자가 서로에게 묻고 답한다.
개인의 성숙만으로 사회를 변화시킬 수 있는가?
'인생에는 행운과 선물의 단계가 있다'는 말이 의미하는 바는?
그동안의 강의를 토대로 스승과 제자가 얼굴을 맞대고 생각을 공유한다.

논 — 사유의 높이를 나누다

論

내 생각을 '옳다' '그르다'의 잣대로 사용하는 순간
우리 삶은 형편없어진다.
자신을 믿지 못하면서 어떤 꿈이 가능하겠는가?
자기 꿈마저도 다른 사람에게서 검증받으려고 한다면
여기서 한 발짝도 움직이지 못할 것이다.

『도덕경』에 다음과 같은 말이 있다.

탁월한 사람은 논변에 빠지지 않는다. 논변에 빠진 사람은 탁월하지 않다.
(선자불변善者不辯, 변자불선辯者不善)

지식은 근본적으로 무한 분화하는 성격을 가지고 있기 때문에 자기가 아는 것, 자신만의 제한된 개념을 가지고 얼마든지 자신을 꾸미거나 상대방을 괴롭힐 수 있다. 사회적으로 갈등이 있는 문제들을 보자. 찬성하는 이유도 수만 가지를 만들 수 있고, 반대하는 이유도 수만 가지를 만들 수 있다. 수만 가지의 양측 논변이 모두 다 논리적으로 치밀하다. 이처럼 대부분의 논변은 각자 자신의 관점을 정당화하는 데 사용될 뿐이다. 그렇기 때문에 지성적인 사람은 논변에 빠지지 않는다. 논변을 넘어서거나 논변을 압도하는 빛을 보여주려 노력한다.

위대함이나 창의적 활동은 논변에 빠지는 일이 아니라, 논변을 끊고 그것을 성큼 넘어가는 일이다. 논변을 지성적인 지혜의 높이에 이르지 못한 것으로 보는 이유는 그것이 자신의 내적 표현이라기보다는 지식이나 이론의 피상적인 조합에 머무를 뿐, 인격적인 깊이에 닿아 있지 않기 때문이다. 논변이 피상적인 것임을 인식한 후, 그것에 빠져 허우적대지 말고 단지 수단으로만 사용해야 한다.

문_좋은 질문 자세란 무엇인가?

답_보통 사람들은 대부분 이런 식으로 질문한다.

"앞으로 어떻게 될 것 같나요?"

"이렇게 될 것 같은가요, 저렇게 될 것 같은가요?"

이런 식의 질문에는 자기 주도권이 양보되어 있다. 나는 그런 식의 질문보다는 "이렇게 해도 될까요?" "이렇게 저렇게 하려고 하는데 괜찮을까요?"라는 식의 질문이 더 질문다워 보인다. 질문에는 반드시 '자기 관찰'과 '자기 의도'가 들어가도록 하는 것이 좋다.

주도권 없는 질문이 계속 반복된다면 자기 주체성은 생기지 않는다. 그러니 질문을 할 때도 이 세계를 객관화시켜서 제3자 입장에서 말하기보다는 나의 입장을 부각시켜서 '나는 어떻게 하고 싶은가?' 혹은 '나의 관점은 어떠하다'라는 의지를 선행시키는 자세를 가지는 것이 좋다.

문_'태연자약'의 삶을 강조하는데, 스스로는 태연자약하다고 생각하는가? 그렇다면 그런 지금의 '나'를 있게 한 계기는 무엇인가?

답_"당신은 태연자약하냐?" 누군가 이렇게 묻는다면 당연히 "나는 아직 아니다"라고 답해야 겸손할 뿐 아니라 모범적으로 보일 것이다. 그런데 나는 모범적이지 않게도 '태연자약'한 것 같다고 말하겠다. 물론 성인이나 신선 정도의 수준 높은 태연자약은 아닐 수 있지만, 어떤 일을 두고 아주 심하게 흔들리지 않는다는 점에서, 그리고 설령 흔들렸다 해도 바로 적절한 자리를 찾을 수 있다는 점에서 어느 정도는 태연자약하지 않은가 생각한다.

나는 항상 혹은 자주 지금 이것이 나다운 행동인가, 혹은 나다운 결정인가를 묻기도 한다. 내 내면의 경고를 항상 의식하려고 노력한다. 사실은 겨우 이 정도일 뿐이다. 내가 스스로 태연자약한 것처럼 대답하는 것이 경망스럽게 들릴 것이라는 점은 충분히 인지한다. 또 나의 내면이 가벼워서 이렇게 대답할 수도 있다. 충분히 인정한다. 모두에게 조금이나마 자극이 될까 싶어서 이렇게 하는 것이니 이해를 바란다.

그리고 그렇게 된 계기를 물었는데, 적절한 대답이 될지는 모르겠지만, 내가 겪은 다음과 같은 과정을 하나의 예로 들 수 있다. 앞에서 내가 어느 정도는 태연자약한 것 같다고 경망스럽게 대답한 이유에는 이것을 말하기 위한 의도도 있다. 사연인즉 이렇다.

박사과정을 다니던 어느 날, 문득 나에게 내가 보이는 순간이 찾아왔다. 내가 나를 본 것이다. 특별한 계기도 없이 너무나도 평범한 일상의 어느 순간에 그런 일이 일어났다. 살다 보면 돌연 자기 눈에 자기가 보이는 때가 있기도 하나 보다. 이러고 나면 흡사 천형을 받는 것 같은 고통이 따른다. 그때 나에게 비친 내 모습은 아주 엉망진창이었다. 인격적으로도 성숙되지 않고, 학문적으로도 그다지 진보가 있는 것 같지 않았다. 그때 나는 그런 모습의 나를 삶의 실패자로 여겼다. 그래서 모든 것을 작파하고 황량한 곳을 찾아 떠났다. 그곳이 그때는 아직 수교도 안 되어 있던 중국 북방의 어느 도시였다.

그래서 박사과정을 중단하고 그곳에서 한 일 년 반 정도 유랑하다가 돌아와서 인생을 다시 시작해야겠다고 생각했다. 학문의 길을 계속 갈지 말지도 처음부터 다시 생각해보기로 했다. 하얼빈의 헤이룽장黑龍江대학에 적籍을 두고 누구도 모르는 나만의 번민을 안은 채 매우 힘겨운 시간들을 보냈다. 어쩌면 삶에 대한, 나 자신에 대한 전면적인 반성에 돌입한 것이다.

그런데 돌이켜보면 살면서 그때가 아마도 처음으로 나 자신에게 진실했던 순간이었다. 그전에도 가끔 자신에 대한 각성의 시간을 가지려고 시도했었지만, 그런 노력들은 다 근본적이지 않았다. 진실하지도 않았다.

헤이룽장대학에서 중국말도 좀 배우고 철학 수업도 좀 들으면서 이러저러한 시간들을 일 년 반 정도 보냈다. 그 후 내 지도교수가 되신 탕이지에湯一介 교수님의 격려를 받기도 하고, 또 한국과 중국 양국 간에 국교가 수립되기도 하는 등 많은 일들이 있었다. 내면도 좀 정비가 되었고, 상황도 나에게 좋은 방향으로 전개되어 여차여차한 과정을 거쳐 북경대학 철학과 박사과정 시험에 합격하여 입학하게 되었다.

그런데 북경대학 철학과에서 공부를 다시 시작하면서 묘한 경험을 하게 된다. 모든 것이 새롭고도 절실하게 다가오는 경험이었다. 그때가 서른두세 살 정도 되었을 텐데, 부끄럽지만 처음으로 공부가 무엇인지를 알았다. 우리가 왜 공부를 하고, 왜 철학을 하는지 처음으로 자각할 수 있었다. 다른 사람들은 어린 나이에 알게 된 것을 나는 서른두세 살 정도가 되어서야 비로소 알았다. 그런데 그때 나는 그것을 너무 늦었다고 생각하지 않고, 이제라도 알게 된 것에 매우 기뻐했다. 학문 간의 위계질서가 어떤지를 알게 되고, 또 그 안에서 철학이 무엇인지를 이해하게 되니, 자연스럽게 공부가 매우 즐거운 일이 되었다.

부끄럽지만 고백하지 않을 수 없는 것이 있다. 그때까지는 공부를 그냥 해야 하는 것이니까 습관적으로 했던 것 같다. 그래서 공부를 하면서 즐거움을 크게 느껴본 적이 없었다. 당연히 음주와 노는 일이 공부보다 더 재미있었다. 재미없는 일을 억지로 참으면서 해냈던 것 같다. 이때 처음으로 공부가 얼마나 즐거운 일인지를 알았다. 처음으로 공부가 재밌다는 것을 자각하는 순간, 나는 내가 새로운 사람이 되어가는 것을 느낄 수 있었다. 위대한 어떤 단계는 아니지만, 그 이전과 조금이나마 달라져간다는 것이 나 스스로에게는 매우 큰 사건이었고, 일종의 축복이었다.

이런 일이 왜 나에게 일어났을까? 어떻게 이런 축복이 나에게 찾아왔을까?

나는 이렇게 생각한다. 그것은 자신에게 진실한 순간을 피하지 않고 대면한 사람에게 우주 대자연이 주는 선물이라고…, 자신에게 정말 진실하면 우주 대자연이 주는 선물이 있다고 말이다. 유일하게 한 번 가장 절실하게 진실해보았는데 그런 일이 나한테 일어났으니까. 나 스스로를 추켜세우고 정당화하는 것처럼 들릴 수도 있겠지만, 나에게는 정말 그런 느낌이 있었다. 돌이켜보면 나를 진실하게 대면한 후에 걸었던 그 힘든 시간들이 나한테 흡사 세례를 준 것 같았다. 그러고 나서 책을 보니 그 이전과는 정말 다르게 읽혔다.

결론적으로 말하면, 우리가 어떤 공부를 하거나 연구를 할 때 그 공부 대상이나 연구 대상이 가지고 있는 방식이나 체계가 나한테 무엇을 주기를 바라는 것은 착각인 것 같다. 그보다는 진실한 나의 마음 상태 혹은 심리 상태가 오히려 더 그것을 정확히 보고 새롭게 보게 할 수 있는 힘을 주지 않나, 나는 그렇게 생각한다.

그래서 그때 비로소 장자가 한 말을 온몸으로 이해할 수 있었다. "유진인이후유진지有眞人而後有眞知", 즉 "참된 사람이 있고 난 다음에야 참된 지식이 있다." 나는 유일하게 한 번 진실해봤던 그때 그 사건으로 세상을 보는 눈, 삶을 대하는 태도가 달라졌다. 사람이 달라지면 세계를 보는 눈이 달라지고, 세계를 보는 눈이 달라지면 삶에 대한 관점도 달라지며, 그에 따라 사람의 태도도 달라진다. 그래서 자신에게 진실한 사람은 태연자약에 가까워질 수 있다. 그렇다고 하여 내가 부부싸움도 하지 않고 짜증도 내지 않는 성인군자라는 말은 절대 아니다. 그 이전보다 조금 나아진 것뿐이다.

문_어느 시점에 돌아가도 되겠다는 판단을 하게 되었나?

답_언제 다시 돌아가도 되겠느냐는 판단을 의식적으로 정확하게 할 수는 없다. 그리고 그 정확한 시점을 알려고 할 필요도 없다. 그냥 나도 모르게 그렇게 된다. 그런데 경험에서 얻은 단 하나 조건이 있다면 좌우지간 자신한테만은 진실해야 한다는 것이다. 그러면 어떤 길이 될지는 모르지만 해석되지 않는 어떤 운명 같은 것이 나를 어디론가 데려간다. 절차나 순서나 내용을 정확히 인식하려는 것도 의미가 있겠으나, 그것보다 더 중요한 것은 이 세계에 자신을 직접 내던지는 일이다. 진실하게 자신을 대면하는 일이다.

사람들은 보통 세계에 자신을 내던지는 행위는 하지 않으면서, 세계에 내던져진다면 언제쯤 나올 수 있는가, 자신을 세계에 내던지면 어떤 효과가 있는가, 꼭 내던져야 하는지 등에 대해서만 따지는 데 많은 시간을 쓴다. 세월을 이렇게 보내지 말기 바란다. 행위 다음의 절차를 궁금해하기보다는 직접 무엇인가를 하는 편이 낫다. 실행하지 않고 궁리만 하다가는 어느 순간, 저 멀리 뒤처져 있는 자신을 발견하게 된다.

문_자신이 형편없이 느껴진다면 무엇을 해야 하는가?

답_자기 자신을 형편없다고 생각하는 이유는 그 기준이 외부에 있기 때문이다. 자신으로부터 형성된 기준이 아니라 외부에 이미 설정되어 있는 기준에 자신을 맞추려 하기 때문에 그렇게 느끼는 것이 아닌가? 외부에 있는 기준은 항상 체계적이고 보편적이라는 인정을 받는다. 보편적이라고 인정되는 기준에 견주어 부족하게 보이지 않을 인간은 없다. 그 기준과 경쟁하려 하다가는 자신은 결코 결함과 부족을 메울 수 없다.

큰 인간은 외부의 것들과 경쟁하지 않는다. 오직 자기 자신과 경쟁할 뿐이다. 다른 사람보다 더 나아지겠다는 생각을 버려라. 다른 사람보다 내가 더 부족한지 더 나은지를 따지지 말라. 경쟁에 빠지지 말라. 오직 자신과만 경쟁하라. 어제의 나보다 오늘의 내가 더 나은지만 자세히 살펴라.

맹자는 『맹자』 「진심盡心 하下」 편에서 이렇게 말한다.

무조건 책만 믿는 것은 책이 없는 것만 못하다.

(진신서칙불여무서盡信書則不如無書)

여기서 '書'는 『서경書經』을 말한다. 『서경』에는 당시 시대적 조건 속에서 『서경』을 쓴 사람의 관점이 들어 있다. 그런데 『서경』을 맹목적으로 믿는 사람은 시대가 바뀌고 상황이 달라졌음에도 불구하고 『서경』의 관점을 지금의 세계에 그대로 적용하려고 한다. 그러면 『서경』의 관점으로 지금의 세상을 가두려 하는 꼴밖에 안 된다. 『서경』의 관점도 내가 발견한 지금의 문제를 해결하려는 데 '응용'되지 않는다면, 아무 쓸모가 없다. 『서경』을 맹목적으로 믿지 않고, 자신이 사는 시대의 문제를 해결하는 데 지혜로 사용하려면 우선 자신이 우뚝 서 있어야 한다.

독립되어 있어야 하는 것이다. 이론에 갇히면 자신을 드러내지 못한다. 자기가 배워서 가지고 있는 이론이나 체계보다 자기가 더 강하지 않는 한 자기는 드러나지 못한다. 이렇게 자기를 드러내지 못하는 상황에서는 어떤 창의력이나 돌파력도 생길 수 없다. 그때는 자기가 형편없어 보인다. 자신에 대한 신뢰가 매우 약해지기 때문이다.

건명원이 왜 생겼겠는가? 사람들이 왜 건명원에 모였는가? 건명원의 목적 가운데 하나는 바로 '지적 안정성' 안에서 편안함을 느끼고 있는 사람들을 흔들어놓는 것이다. 지식이나 이론 체계가 주는 제한적 효율성 안에서 안정감을 느끼는 사람들을 흔들어놓는다.

지적 안정성 안에 갇히는 순간, 우리는 딱 거기까지일 수밖에 없다. 지적 안정성에 갇힌 사람은 창의적으로 돌파하는 삶을 살고 싶어도 그렇게 할 수 없다. 따라서 지식이나 이론의 제약으로부터 스스로를 자유롭게 만드는 자기만의 장치를 갖는 일이 무엇보다 중요하다.

문_스스로를 자유롭게 만드는 과정에서 가족과의 조화는 어떻게 이루어야 하는가?

답_가족이라는 틀이 식구들의 개성을 크게 억압해서는 안 된다. 식구들 각자의 욕망을 최대한 존중하고 지지해야만 더욱 튼튼하고 발전하는 가족이 된다. 그렇지 않고 가족이 특별한 하나의 이념이나 목표에 갇히면, 구성원들의 개성이 제한될 수밖에 없다. 즉 부모가 자식들에게 반드시 의사가 되라고 요구하는 일 같은 것이다. 자식의 꿈을 부모가 정해놓고 자식이 따르도록 해서는 안 된다. 우리는 모두 가족과의 조화보다는 나의 욕망에 더 집중할 필요가 있다. 자신의 욕망을 펼치기도 전에 왜 가족이나 사회와의 조화를 먼저 생각하려 하는가? 우선 자신에게 집중해보라.

가족보다는 자신의 꿈을 먼저 생각하라. 역사상 위대한 인물들 가운데 가족과의 조화를 의식하면서 자신의 일을 시작한 인물이 있던가? 각자의 지성의 높이에서 자신이 하고 싶은 일을 했을 뿐이지 주변 사람들에 대한 고려부터 시작하지는 않았다. 어떤 논의의 완결성을 추구한다든지 합리성을 추구한다든지 또는 다른 사람들에게 혹시 피해를 주는 것은 아닌지를 지나치게 고려하는 순간, 그 사람은 이미 울퉁불퉁한 삶, 새로운 삶, 고유한 삶을 살기 힘들다. 자기를 발휘하고 표출하는 일을 하면서 주변을 너무 자주, 너무 깊게 고려하는 것은 매우 점잖아 보이지만 실은 별로 필요 없는 일들이다. 큰사람은 그렇게 하지 않는다.

문_개인의 성숙만으로 사회를 변화시킬 수 있는가?

답_사회를 변화시키기 위해서는 변화를 꿈꾸는 그 사람이 우선 성숙해 있어야 한다. 대부분 그냥 이전부터 계속해왔던 주장을 다른 사람보다 더 강하게 펼침으로써 변화를 시도하는 일이 많은데, 그것은 성공할 수 없다. 이런 경우에는 오히려 사회에 해를 끼친다.

혁명이 완수되지 못하는 이유는 혁명을 하려는 사람이 먼저 혁명되지 않았기 때문이라는 함석헌 선생의 말씀을 다시 한번 새길 필요가 있다. 혁명을 하려는 사람이 먼저 성숙되어 있지 않으면 그 혁명은 성공할 수 없다. 개인의 성숙이 그만큼 중요하다.

그리고 성숙된 개인은 그냥 '개인'이 아니다. 성숙의 높이와 깊이는 이미 그 개인을 넘어서서 영향력을 발휘한다.

그래서 공자는 이렇게 말했다.

인격적으로 상당한 성숙에 이른 사람은 혼자가 아니고, 반드시 동조하는 사람이 생긴다.

(덕불고德不孤, 필유린必有隣)

성숙된 개인은 반드시 그 성숙도에 따라 동조자를 갖는다. 즉 사회적 확산을 이룰 수 있다는 말이다. "미네르바의 부엉이*는 황혼녘이 저물어야 그 날개를 편다"라는 말을 들어보지 않았는가. 미네르바는 지혜의 여신이다. 아테네라는 도시를 지키는 신이다. 미네르바는 왜 황혼녘이 되어서야 날기 위해 날개를 펴는 것일까?

대낮에는 사건이 벌어진다. 지적인 활동에 익숙한 사람들은 사건이 잠잠해지는 황혼이 돼서야 비로소 숙고熟考에 들어간다. 지적인 일을 하는 사람들에게 대낮에 벌어지는 사건은 생소한 일, 처음 있는 일이다. 자신의 지적 체계로 바로 대응하기에는 어색하기 마련이다. 그러니 사건이 발생하는 대낮에는 납작 엎드려 있다가 사건이 잠잠해지고 나면 그 사건을 분석하고 해석하는데, 그것을 황혼으로 비유하였다.

사건을 분석하고 해석하여 지적 체계로 남긴 것, 이것을 이론이라고도 하고 지식이라고도 한다. 대낮에 A라는 사건이 벌어지면, 지식인들은 황혼녘에나 나타나서 A라는 사건을 분석하고 따져서 A′라는 이론이나 지식을 만들어낸다. 그런데 하나의 사건은 한번 발생하고 나면 똑같은 사건으로는 다시 등장할 수 없다. A라는 사건은 평생 다시 만날 수 없는 단 한 번뿐인 사건이다. A라는 사건이 지나고 나면, 우리는 B라는 완전히 새로운 사건을 만난다. 우

* 로마 신화에서 미네르바와 항상 함께 다니며 지혜를 상징하는 신조神鳥. 19세기 독일의 철학자 헤겔이 그의 저서 『법철학』 서문에 남긴 유명한 경구다.

리는 B라는 사건에 가장 적절하게 대응하는 체계적인 방법을 만들어야 한다. 당연히 B라는 사건을 만나서는 B′라는 체계적 방법이 예측되어야 하는 것이다.

그런데 대부분의 경우 A′라는 지식을 갖고 또 그것을 신뢰하게 됨으로써, B라는 사건을 만나서도 A′라는 지식을 가지고 B를 관리하려고 든다. 그렇지 않으면 좋을 텐데 그렇게 안 하기가 매우 어렵다. 그러니까 진정으로 해야 할 일은 A라는 사건과 A′라는 이론(지식)과의 유기적 연관성을 이해한 후, B라는 사건을 만나면 A라는 사건과 A′라는 지식 간의 유기적 연관성을 기초로 해서 B′라는 이론(지식)을 건립하여 대응하는 것이다.

지식을 생산하는 입장에 서본 나라는 새롭게 마주하는 세계를 새로운 방법으로 대응할 줄 알기 때문에 계속 전진할 수 있지만, 지식을 생산하는 입장에 서보지 않은 나라는 계속해서 이미 소유하고 있는 지식을 변화하는 세계에다 억지로 (본인은 자연스럽다고 착각하지만…) 적용하니까 과거에 사로잡혀 있을 수밖에 없고, 당연히 전진이 더디거나 아예 어려워진다. 따라서 지식의 생산국이 되는 일은 매우 중요하다. 그런데 지식의 생산은 곧 사유의 생산력에 의존한다. 그리고 사유의 생산은 독립적 주체만이 할 수 있다.

자아를 성숙시킨다, 자아를 독립시킨다는 말은 사건 B를 마주할 때 이미 가지고 있던 지식(이론) A′로부터 이탈함을 의미한다. A′에서 이탈해서 B를 A′로 보지 않고 B′를 생산하려는 용기를 발휘한다. 이를 통해 개인의 성숙, 지적 성장, 독립, 이런 것들은 이미 사회적 진보와 관련된 역할을 하게 된다. 독립적 주체가 발휘하는 인문적 용기는 문명이나 국가나 사회나 인간이나 인류의 방향과 관련되는 일이므로 이미 사회적이다. 성숙한 개인은 자신의 개인적 성숙을 통해 사회적 역할을 한다.

앞에서 이야기한 내용을 다시 한번 음미해보자. 우리는 지식과 경험이 증가함에 따라서 정말 자유로워졌는가? 지식과 경험이 증가함에 따라서 정말 더 창의적이 되었고 더 여유로워졌는가? 더 행복해졌는가? 이런 질문들에 대해서 "예!"라고 대답하지 못하는 이유는 지식과 경험이 주는 무게보다 나의 무게감이 작기 때문이다. 지식과 경험의 무게보다 나의 무게를 더 키우는 것, 더 커진 자신의 내면을 가지고 지식과 경험을 밟고 서서 지배하는 것, 이것이 결국은 주체의 독립이자 성숙이다. 이런 단계에서 가질 수 있는 시선이 탁월한 시선이며, 탁월한 시선을 가지면 B를 마주했을 때 바로 B′를 말할 수 있다.

모든 철학가나 예술가가 혁명가고 더 나아가 문명의 깃발인 이유가 바로 여기에 있다. 이렇게 해서 한 개인의 성숙은 매우 높은 수준의 사회적 역할을 하게 된다.

공 — 철학적 삶을 공유하다

共

'적토성산積土成山' 이후의 일들은
지식이나 추론을 벗어나 있어서
선물이나 행운이라고 말할 수밖에 없다.
하지만 한 가지 분명한 것은 '적토성산'하지 않고서는
'풍우흥언風雨興焉'이라는 선물이나 행운이
결코 오지 않는다는 것이다.

지적 작업을 하는 사람들이 빠지기 쉬운 오류는 지적 세계를 참 세계로 오해하는 것이다. 진리성이 없는 것은 아니지만, 지적 체계는 모두 실재하는 세계를 비춘 것들이다. 그래서 주도권을 항상 세계에 두어야지 지식에 두어서는 안 된다. 지식에 주도권을 주는 한 고정된 지식 체계로 세계를 가두고 정지시키는 일을 할 수밖에 없다. 지적 체계로 유동적 세계를 먹어버리려고 해서는 안 된다.

질문과 대답을 교환하는 목적은 어떤 참된 결론에 이르거나 무엇에 관하여 진위를 따지려는 것이 아니다. 자신을 적극적으로 표현하는 훈련일 뿐이다. 모든 창조적 행위는 지식들 간의 진위를 따지는 일에서 일어난다기보다 그 사람만의 궁금증과 호기심으로 문제 있는 이 세계를 건너가보려는 적극적인 도전에서 일어난다. 이런 일에서는 치밀하고도 자세하게 벌이는 지적인 논증보다도 궁금증이나 호기심이랄지, 앞뒤 세세하게 재지 않는 배짱 같은 것들이 훨씬 더 큰 역할을 한다.

문_인생에는 선물이나 행운 같은 단계가 있다고 말한 근거는 무엇인가?

답_『순자』「권학勸學」 편에 나오는 글을 보자.

흙을 쌓아 산을 이루면, 거기에 바람과 비가 일어나고
물을 쌓아 연못을 이루면, 거기에 물고기들이 생겨나고
선을 쌓고 덕을 이루면, 신명이 저절로 얻어져서 성인의 마음이 거기에 갖춰진다.
(적토성산積土成山, 풍우흥언風雨興焉
적수성연積水成淵, 교룡생언蛟龍生焉
적선성덕積善成德, 이신명자득而神明自得 성심비언聖心備焉.)

흙을 쌓아 산을 이루면, 바람과 비는 거기에서 저절로 생겨난다. 우리는 그저 흙을 쌓아 산을 이루기만 하면 된다. 많이 쌓으면 큰 산을 이루고, 적게 쌓으면 작은 산을 이룬다. 흙을 쌓아 산을 이루는 일은 하지 않고 비와 바람을 얻기만 기대하면 안 된다. 흙을 쌓아 산을 이루면 마치 행운이나 선물처럼 비와 바람이 거기에서 생겨난다. 큰 산에서는 큰 바람이 생기고, 작은 산에서는 작은 바람이 생긴다. 우리는 바람과 비를 만들지 못한다. 그저 흙을 쌓고 산을 이루는 일을 할 수 있을 뿐이다. 또한 물을 쌓아 연못을 이루면 거기에 선물이나 행운처럼 물고기들이 생겨난다.

이렇듯 탁월함을 추구하고 덕을 이루면 마치 행운이나 선물처럼 신명한 통찰력이 생기고 성인의 마음이 덩달아 갖춰진다. 학문을 하고 인격을 수양하는 일을 진실하고도 성실하게 해나가면 통찰력이나 성인 수준의 마음을 갖는 행운을 얻게 되는 것이다.

삶과 행운이 어긋난다면 그 어깃장은 어디서 나느냐? 학문을 하고 인격 수양을 하는 일에는 별로 집중하지 않으면서 통찰력이나 성심聖心 같은 선물이 덜컥 오기만을 기다리는 경우에 그렇다. 학문을 하고 인격 수양을 열심히 하면 통찰력이나 성심을 갖게 되지만, 학문을 하는 일에 집중하기보다는 통찰력이나 성심을 가지려는 욕심만 앞세우면 통찰력이나 성심을 가질 수 없다.

자유나 행복이나 선진 같은 것도 그렇다. 이런 것들은 다 선물이다. 행복을 추구하지 말라. 차라리 행복할 수밖에 없도록 하는 좋은 습관이나 근면성을 기르라. 선진국이 되려고 의욕만 앞세운다고 될 일이 아니다. 구체적인 선도력을 가지면 선진국은 선물처럼 저절로 된다. 정말 진실하고도 성실하게 흙을 쌓고 산을 이루고 있는지, 정말 진실하고도 성실하게 물을 모아 연못을 이루고 있는지, 정말 진실하고도 성실하게 탁월함을 추구하고 덕을 이루고 있는지, 그것만을 예민하게 경계하며 살아야 한다.

문_실제 삶에서 '적토'란 무엇인가? 하얼빈에서 마치 들개처럼 살아본 경험인가? 보통 사람에게 적용한다면 갇힌 유리를 깨고 나오려는 노력이라고 볼 수 있는가?

답_들개라는 말이 좀 과하다는 느낌이 들지만, 아무튼 그런 과정이 있었기 때문에 새로운 차원에서 학문에 집중하고 재미를 느낄 수 있는 내면을 가질 수 있었다. 마치 사경을 헤매다가 다시 살아나면 세상이 다시 새롭게 보이는 것처럼 말이다.

내가 북경대학에서 공부하는 그 기간을 여기에 억지로 갖다 붙인다면, 적토성산積土成山이 아니었나 싶다. 그런데 이 말만 듣고 판단한다면 분명히 나 스스로를 미화시키거나 과대평가한다고 할 것이다. 나조차도 그렇게 들리는데 다른 사람들이 들으면 어떻겠는가? 참 염치없다. 발언에 절제가 없다고 느껴지더라도 이해를 구하며, 말의 겉보다 핵심적인 내용만 챙기기 바란다.

분명한 것은 '적토성산'하지 않고서는 그 어떤 것도 이룰 수 없다는 것이다. 우선 창의성을 얘기해보자. 성숙되고 독립된 주체가 발산하는 것이 창의성이고 상상력이다. 그런데 상상력이나 창의력은 발휘하는 것이 아니라 튀어나오는 것이다. 상상력이나 창의력은 그것들이 튀어나올 정도로 내면이 준비되어 있지 않으면 나올 수가 없다. 내면을 두텁게 준비하는 과정이 '적토성산'이다. 상상력이나 창의력은 '적토성산' 이후에 얻어지는 행운이나 선물이다. 창의성이나 통찰력, 인격적 성숙, 이런 모든 문제는 적토성산 후에 자득自得되는 것이다.

'카리스마'도 그렇다. 카리스마를 갖고 싶어서 내일부터 카리스마를 발휘해보려 하면 그게 되는가? 카리스마는 발휘하는 게 아니라 내면에서부터 드러나는 것이다. 카리스마가 없다는 것은 내면의 준비가 아직 되어 있지 않다는 뜻이다. 카리스마를 가지려고 애쓰지 말라. 차라리 자신이 이 지구라는 별에서 죽기 전에 하고 가야 하는 자신만의 사명을 발견하고 거기에 몰두하라. 그러면 월등한 내면이 갖춰지고, 그것으로부터 자연스럽게 향기가 우러나오는데, 그것이 카리스마다.

정리하자면, 자신의 사명을 발견하고 거기에 몰두하는 일이 '적토성산'이다. 그리고 의도하지 않아도 주어지는 행운이나 선물이 바로 '카리스마'다. 내공이 갖춰진 내면은 향기처럼 발산된다. 우리는 우선 각자의 향기를 준비하는 일에 몰두해야 한다.

문_건명원 교수들의 강의는 접점이 없어 보인다. 그로 인한 불안은 어떻게 감당해야 하는가?

답_접점이 없다는 느낌을 가졌다면 나로서는 굉장히 기쁜 일이다. 접점이 발견되지 않는다는 것은 그 자체로 불안한 일이다. 나를 포함한 교수 모두가 완전히 이질적인 학문들을 묶어서 강의하는 경우가 있는데, 사실 그 이유는 불안을 조성하기 위해서다. 이질적인 학문 내용들이 한 사람 안에서 서로 부딪혀 갈등을 빚는 불안, 이것이 바로 건명원이 의도한 것 가운데 하나다.

사실 이질적인 것 사이에서 동질성을 파악할 수 있는 능력은 굉장히 높은 사유 능력인데, 앞서 이 능력의 표현을 은유라고 했다. 은유를 통해 완전히 이질적인 것들이 상호 연결되면서, 새로운 세계가 열린다. 그러니 접점이 없어서 불안을 느꼈다면, 그 불안은 안정보다 새로운 세계를 여는 데 더 큰 힘을 준다.

나는 계산되고 의도된 접점을 먼저 제공하는 일은 하지 않을 것이다. 그것은 각자 찾아야 한다. 대신 안정된 사람들을 불안하게 흔들어놓을 것이다. 불안을 계속 붙들고 늘어져 접점을 발견하기 바란다. 각자가 발견한 그 접점이 바로 이 세계에서 발견한 자신만의 고유한 문제다. 체계적으로 정리된 내용을 받아서 수용하는 데에만 익숙한 사람들에게는 매우 불편한 일이지만, 우리는 반드시 해내야만 한다.

문_우리나라와 같은 집단주의 문화 속에서 '독립'이 가능한가?

답_우리는 각자 자신의 삶에서 독립적 주체로서 발현되어야 한다. 그런데 지금까지 우리는 독립적 주체로서의 삶을 살지 못했다. 지금까지 우리 삶의 형태는 우리 스스로 구성한 것이라고 보기 어렵다. 그래서 그 안에서 독립성을 발휘하기가 쉽지 않다. 맞다. 여기까지는 우리의 상황을 분석한 것일 수 있다. 그럼 우리의 상황이 이러하기 때문에 내가 독립적 주체로서 활동하지 않는 것이 모두 정당화될 수 있을까? 절대 그렇지 않다.

그 안에서 어떻게 해야 하는지를 고민하는 일이 중요하다. 독립적이지 못하고 종속적 사고에 갇힌 사람들은 주로 상황이나 조건을 탓하면서 자기의 책임성이나 자발성을 발휘하는 도전을 유보해버린다. 남 탓으로 돌리는 일도 비슷한 맥락이다.

독립적 주체성을 갖는 것이 분명 우리를 한 단계 더 높은 단계로 끌고 가거나 더 자유스럽게 한다면, 이제 각자의 혁명적 결단이 필요하다. 이는 자기가 자기 삶을 어떻게 꾸릴 것인가 하는 자기 결정의 문제다. 게다가 나는 우리나라의 집단적인 성향이 개인의 독립적 주체로의 성장을 방해할 정도로 그렇게 강하다고는 생각하지 않는다.

그런데 만약 혹시라도 집단적 성향이 너무 강해서 독립적 주체로의 성장이 방해받는다면 어떻게 하겠는가? 자기 삶의 방식을 변화시켜서 새로운 도전을 해보겠는가? 아니면 현상을 탓하면서 살아왔던 방식에 순응하며 살겠는가? 우리는 이제 자기 삶을 통해서 새로운 시도를 해볼 수 있다. 또 반드시 해야 한다고 본다.

문_철학자도 종교를 갖는가?

답_당연하다. 철학자도 종교를 갖는다. 철학이 종교화되기도 하고, 종교에 철학적 근거를 제공하기도 한다. 철학과 종교는 긴 시간 동안 갈등과 화해와 융합의 과정을 거쳤다. 하지만 아무리 이런 융합의 과정이 있다 해도, 분명한 것은 종교는 기본적으로 믿음을 바탕으로 하고, 철학은 회의와 반성을 근거로 한다는 사실이다. 물론 종교에 회의와 반성이 없고 철학에 믿음의 단계가 없는 것은 아니다. 가장 근본적인 차원에서 그렇다는 말이다. 이것은 가장 핵심적인 각자의 정신들이다.

철학은 어떤 믿음도 거부한다. 오히려 믿음 자체를 다시 들여다보고 거기에 새로운 진실을 찾아준다. 이렇기 때문에 종교와 철학은 근본적인 면에서 불화의 관계일 수밖에 없다. 나는 불화를 그 자체로 받아들여야 한다고 본다. 불편함을 그대로 수용해야 가장 극단의 민감성을 유지할 수 있다. 그래야 인간은 독립적일 수 있는 최소한의 작은 길이나마 발견할 수 있다.

문_장자나 노자, 순자에 진리가 있다고 생각하는가?

답_불변하고 절대적인 보편 진리는 없다. 장자나 노자나 순자에게도 이런 식의 진리는 있을 수 없다. 다시 말하지만, 모든 철학은 시대의 자식이다. 한 시대의 특수한 문제의식을 보편적 단계의 사유 체계로 승화시킨 것이 철학이다. 그렇다고 하여 그 보편화된 사유 체계가 세계의 모든 문제에 유효하거나 언제나 유효할 수는 없다.

특정한 시대의 문제의식이 보편화되어 남겨진 체계를 경전이라고 한다. 고전이라고도 한다. 그런데 이런 경전과 고전이 왜 설득력이 있느냐 하면, 인간 가운데 가장 수준 높은 사람들의 생각이기 때문이다. 수준이 높다는 근거는 어디에 있는가?

노자는 이 세상을 '유有'와 '무無'의 관계로 보지 않았는가? 철학자 노자는 눈에 보이는 현상적인 세계의 질서를 가장 높은 차원에서 개괄하여 보는 수준을 가졌다. 그 수준에서 파악한 세계의 질서나 원리를 '유'와 '무'라는 매우 압축적인 개념들을 가지고 체계적으로 설명하였다. 이 체계적인 설명을 노자의 철학이라고 한다. 보통 사람들은 그렇게 높은 차원에서 개괄하는 능력을 갖기가 어렵다. 비유하자면, 2층 높이 정도에서 세상을 보는 사람과 200층 높이에서 세상을 보는 사람의 차이다.

이 정도의 수준을 보여주는 고도의 지적 체계는 함부로 나오지 않는다. 베이컨의 "아는 것이 힘이다"라는 말은 근대라는 새로운 시대를 열 정도로 작용력을 갖는다. 중세에는 절대 나올 수 없는 말이다. 이렇게 시대를 책임지는 수준에서 나오는 생각들에는 항상 그것들을 새로 설명할 수 있도록 고안된 고유한 관념(개념)들이 있다. 이것들을 철학에서는 '범주'라고 한다. 범주는 가장 높은 차원에서 세계의 흐름을 개괄하는 특수한 장치들이다. 당연히 철학은 이런 범주들의 유기적 연관으로 이루어진다. 그래서 철학 발전사는 곧 범주 발전사라고 해도 될 정도다.

얼핏 보면 철학적 주장들은 그냥 누구나 할 수 있는 소리를 조금 색다르게 해놓은 것처럼 보일 수도 있지만, 그 정도보다는 훨씬 넘어서 있다. 거기에는 최고의 수준을 유지하는 일관된 지적 계승과 발전이 개입되어 있다. 일관된 지적 발전을 포착하는 지성의 높이에 도달하지 못한 사람들에게는 이 소리가 그 소리 같고, 그 소리가 또한 이 소리같이 들린다. 고대에서 현대로 이어지는 사회 경제적 변화에는 일관되게 흐르는 질서가 있고, 그 질서를 가장 높은 차원에서 관념으로 포착하는 수준이 있는데, 그것이 바로 '철학'이다.

보통 사람들의 생각과 다른 특이한 것이 철학은 아니다. 고도로 지적인 높이에서 세계의 흐름을 포착하는 능력으로 형성된 사유체계가 철학이다. 그리고 그 지성적인 높이는 그 시대의 핵심적인 문제의식과 연결된다. 우리는 철학의 역사 안에서 고도로 탁월한 높이에서 진행되는 사유의 일관된 흐름을 경험한다. 구체적인 시대와 유기적인 연관성 없이 돌출적으로 등장하는 고전이나 경전은 존재하지 않는다.

흔히 고전이나 경전들을 접하면서 진리에 대한 갈망을 갖는데, 그것은 고전이 가지고 있는 내용을 진리로 받아들여 내면화하는 일만으로는 완성되기 어렵다. 고전에 있는 '진리적'인 것들이 당시의 구체적인 세계와 어떤 유기적 연관성 속에서 형성되었는지를 이해한 후, 자기가 살고 있는 세계에서 유기적으로 인식될 수 있는 시대의식을 가질 수 있어야 한다. 결국 지금 자기가 살고 있는 구체적인 세계에서 포착된 자기만의 문제가 자기에게서 먼저 진리로 드러나는 것이 관건이지, 경전에 있는 진리를 묵수墨守하는 것이 진리를 대하는 태도가 아니다.

앞에서도 누누이 지적했지만 우리가 접하는 모든 철학적인 저작들은 어떤 철학자가 해놓은 생각의 결과물들인데, 보통 그 생각의 결과물들을 그대로 받아들여 내면화하는 것을 철학하는 것으로 오해하곤 한다. 하지만 단언컨대 그것은 '철학하기'일 수 없다. 생각의 결과들이 어떤 구체적인 세계를 토대로 형성된 것인지를 이해한 후, 지금의 세계에서 나에게 포착된 시대의 문제를 지성적인 높이에서 계속 생각해보는 것이 철학이다.

생각의 결과를 배우는 것이 철학이 아니라, 생각할 줄 아는 것이 철학이다. 정해진 진리를 받아들이는 것은 진리를 대하는 태도일 수 없다. 자기만의 진리를 구성해보려는 능동적 활동성이 진리를 대하는 태도다.

| 참고문헌 |

1. 양수명, 강중기 역, 『동서 문화와 철학』, 솔출판사, 2005년, 41~42쪽.

2. 강영안, "근대, 이성, 주체: 현대 한국 초기 철학자들의 합리성 이해", 『동아연구』 제37집, 서강대학교 동아연구소, 1999년, 87쪽.

3. 최진석, 『인간이 그리는 무늬: 욕망하는 인문적 통찰의 힘』, 소나무출판사, 2013년.

4. 주경철, "주경철의 히스토리아 153, 대분기", 《조선일보》, 2012년 3월 10일.

5. 정약용, 박석무 편역, 『유배지에서 보낸 편지』, 창비, 2001년, 101쪽.

6. 윤형준, "경영, 철학에 한 수 배우다", 《조선일보》, 2014년 11월 15일.

7. 김구, 「나의 소원」, 『백범일지』, 고려선봉사, 단기 4287년(1954년), 15~16쪽.

8. 신채호, 『단재신채호전집(상)』, 형설출판사, 1972년, 25~26쪽.

9. '덕'과 '욕망'의 연결에 대한 더 자세한 설명은 『인간이 그리는 무늬』 165쪽 이하 내용을 참고.

10. 박훈, 『메이지 유신은 어떻게 가능했는가』, 민음사, 2014년, 53~71쪽.

11. 김승희, 「새벽밥」, 『냄비는 둥둥』, 창비, 2006년, 147쪽.

12. 함민복, 「섬」, 『말랑말랑한 힘』, 문학세계사, 2012년, 97쪽.

13. 버트런드 러셀, 이순희 역, 『왜 사람들은 싸우는가?: 행복한 사회 재건의 원칙』, 비아북, 2010년, 166쪽.

14. 한국고전 종합DB(http://db.itkc.or.kr)

15. 한국고전 종합DB(http://db.itkc.or.kr)

KI신서 7493

탁월한 사유의 시선

1판 1쇄 발행 2017년 1월 20일
1판 16쇄 발행 2018년 7월 9일
2판 1쇄 발행 2018년 8월 3일
2판 25쇄 발행 2024년 12월 11일

지은이 최진석
펴낸이 김영곤
펴낸곳 ㈜북이십일 21세기북스

인생명강팀장 윤서진 **인생명강팀** 박강민 유현기 황보주향 심세미 이수진
디자인 박선향
출판마케팅팀 한충희 남정한 나은경 최명열 한경화
영업팀 변유경 김영남 강경남 최유성 전연우 황성진 권채영 김도연
제작팀 이영민 권경민

출판등록 2000년 5월 6일 제406-2003-061호
주소 (10881) 경기도 파주시 회동길 201(문발동)
대표전화 031-955-2100 **팩스** 031-955-2151 **이메일** book21@book21.co.kr

ISBN 978-89-509-7540-1 03100